JN409612

• 아쿠픽투라의 프랑스 자수 •

빛나는 여행
지구별 자수

| 김현아 저 |

• 아쿠픽투라의 프랑스 자수 •

빛나는 여행
지구별 자수

| 만든 사람들 |
기획 실용기획부 | **진행** 한윤지 · 윤지선 | **집필** 김현아 | **편집·표지 디자인** D.J.I books design studio 원은영

| 책 내용 문의 |
도서 내용에 대해 궁금한 사항이 있으시면
저자의 홈페이지나 아이생각 홈페이지의 게시판을 통해서 해결하실 수 있습니다.

아이생각 홈페이지 www.ithinkbook.co.kr
아이생각 페이스북 www.facebook.com/ithinkbook
디지털북스 카페 cafe.naver.com/digitalbooks1999
디지털북스 이메일 digital@digitalbooks.co.kr
저자 이메일 acupic@nate.com
저자 인스타그램 @acupic3.3

| 각종 문의 |
영업관련 hi@digitalbooks.co.kr
기획관련 digital@digitalbooks.co.kr
전화번호 (02) 447-3157~8

프롤로그

일상을 보내다 문득,

걷고 있는 한 걸음, 한 걸음이
자수의 한 땀, 한 땀으로 느껴질 때가 있습니다.

내 발걸음이 어떤 그림을 그리고 있는지
상상해보면 기분이 즐거워집니다.

자수를 시작하면

일상의 한 걸음,
한 땀이 소중하게 느껴집니다.

아름다운 지구에 그려질
독자분들의 한 땀을 기대하고 응원합니다.

CONTENTS

838
436

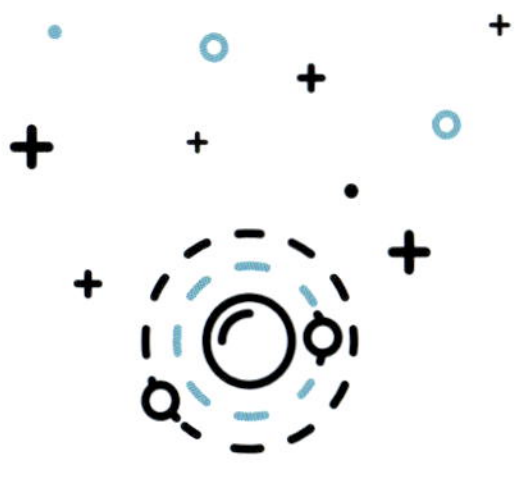

PART 01

준비하는 걸음

자수 시작 전,

필요한 준비물들을 알아보고
기초적인 자수 스티치를 배워봅니다.

CHAPTER 01

자수 도구

001 **바늘** —— 자수 바늘은 여러 가닥의 실을 한 번에 꿸 수 있도록 바늘귀가 큰 것이 특징입니다. 실을 몇 가닥 쓸지에 따라 바늘의 굵기를 정합니다. 가닥 수에 비해 굵은 바늘을 사용하면 구멍이 과하게 커져서 깔끔하지 않고, 얇은 바늘을 사용하면 구멍이 작아 실을 통과시킬 때마다 힘이 많이 들어가 손도 아프고, 자칫하면 작품도 우글우글할 수 있으니 가닥 수와 바늘의 굵기를 잘 맞추도록 합니다.

* 이 책에서는 셔닐Chenille 바늘(리본 자수를 위한 바늘귀가 크고 뾰족한 바늘) 24호를 사용했습니다.

002 수틀

천을 팽팽히 당겨줘 자수를 놓기 쉽게 만들어줍니다. 천에 자국이 남을 수 있으니 자수를 놓지 않을 땐 풀어놓는 게 좋습니다. 수틀에 천이 꼭 잡히지 않을 때는 수틀에 천으로 된 끈을 촘촘히 둘러 매어 주면 도움이 됩니다. 단, 스판 끼가 있는 천의 경우 수틀에 끼워 자수를 완성하면 수틀을 풀었을 때 자수와 주변 천이 울어버릴 수 있으니, 대신 손으로 잡고 자수를 놓아줍니다.

003 자수 실

자수 실에는 면사, 울사, 메탈릭사 등 여러 종류가 있습니다. 이 책에서는 가장 구하기 쉽고 많이 사용되는 DMC 25번 면사를 사용했습니다. 6가닥의 실이 하나의 실타래로 되어있으며, 필요한 만큼 뽑아서 가지런히 모아 수를 놓아줍니다.

TIP 실 뽑는 법

1

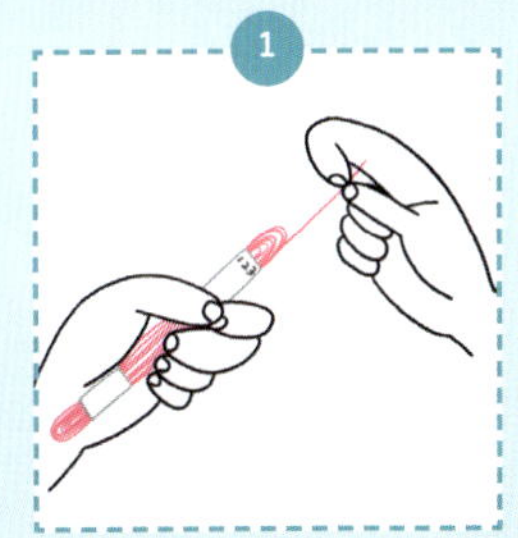

번호가 적혀있는 쪽에서 끝을 찾아 천천히 풀어줍니다.

2

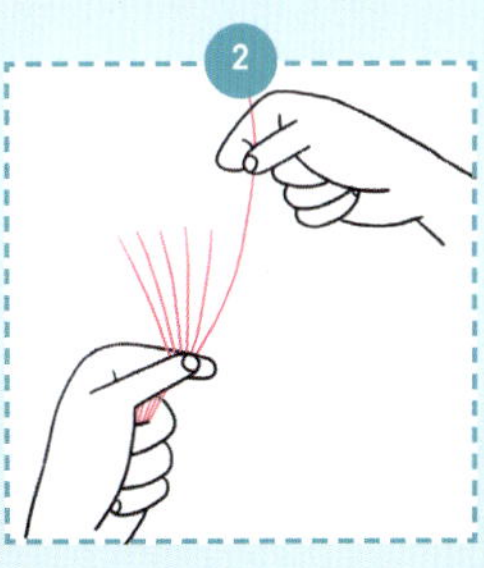

필요한 만큼 잘라 끝에 가깝게 잡고 한 가닥씩 당겨줍니다. 왼손으로 풀면서 여러 가닥을 한 번에 뽑을 수 있지만, 한 가닥씩 정리해줘야 실에 꼬임이 없어 자수가 단정해집니다.

3

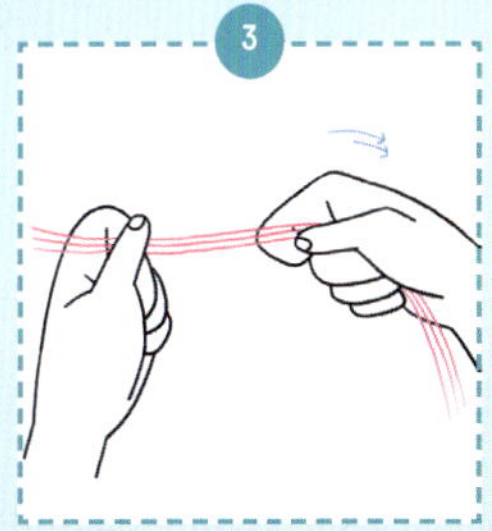

필요한 가닥을 가지런히 모아 정리합니다.

004 천

스판 끼가 없어 늘어나지 않고, 조직이 촘촘해 실 사이사이의 구멍이 크지 않은 천이 자수를 놓기에 쉽습니다. 린넨, 면 천 등을 주로 사용하고, 이 책에서는 옥스포드 20수를 사용했습니다. 옥스포드 천은 톡톡한 편이라 소품을 만들 때 좋습니다.

005 가위

펑커: 자수를 뜰을 때 사용합니다. 끝이 가늘고 뾰족해 가위보다 편리합니다.

자수 가위: 자수 실을 자를 때 사용합니다. 예쁘고 다양한 디자인이 많으니 자신의 손에 잘 맞고 편리한 가위를 고릅니다.

재단 가위: 천은 일반 가위로도 자를 수 있지만 재단 가위가 훨씬 더 쉽고 깔끔하게 잘립니다.

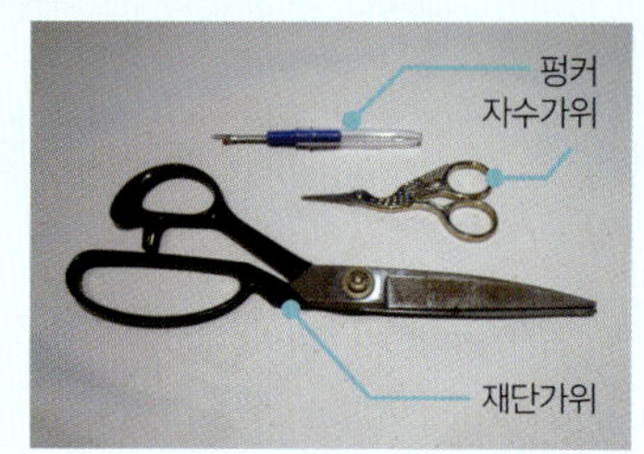

006 수성 심지

심지에 수성펜으로 도안을 그리고 천에 홈질로 고정한 뒤, 천과 심지에 같이 자수를 놓습니다. 심지를 물에 녹일 때는 잘라낼 수 있는 부분은 최대한 잘라낸 뒤 물에 적시고, 물이 조금 말라갈 때쯤 손으로 만져봐 끈적임이 남아있다면 계속 물로 적셔주며 충분히 녹여줍니다. 자세한 사용 방법은 13p를 참조하세요.

007 연필, 수성펜, 아이롱펜

아이롱펜: 다리미로 열을 가하면 지워집니다. 자수가 상하지 않도록 뒷면에 다른 천을 덮고 다리미로 열을 가해줍니다.

수성펜: 물로 지우면 깨끗이 없어져 그리기 쉽습니다.

연필, 샤프: 가장 얇아 디테일한 도안을 그리기 좋습니다. 잘 지워지지 않으므로 천을 뚫지 않도록 살살 그려줍니다.

008 골무

손에 고무 골무를 끼면 자수를 할 때 손의 피로감을 훨씬 줄여줍니다.

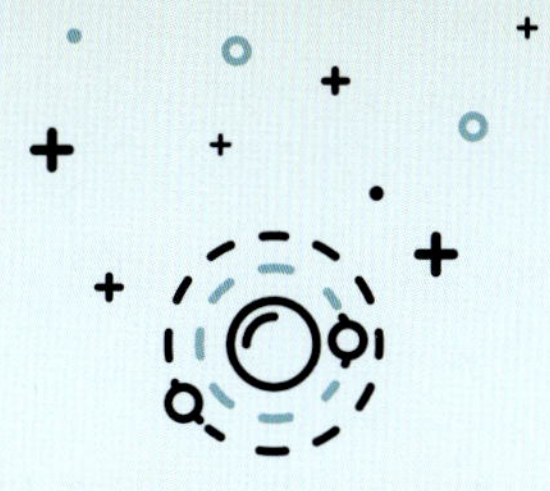

CHAPTER 02

도안 보는 법

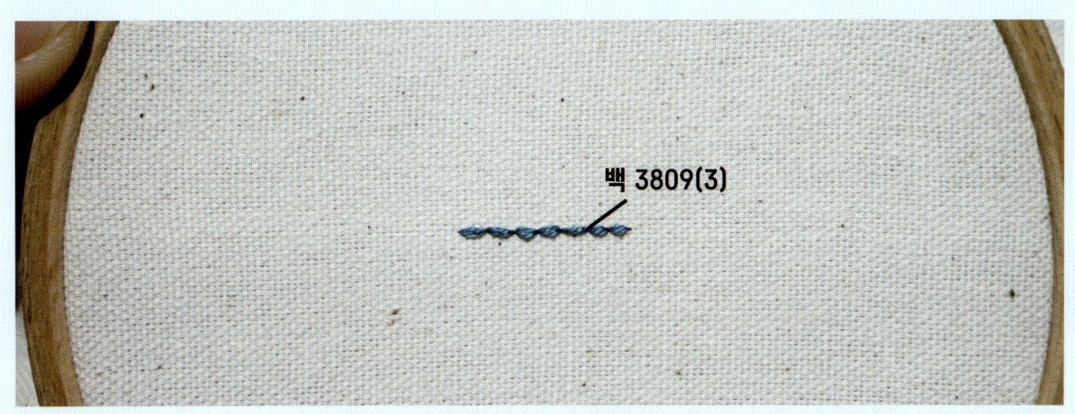

스티치 이름/실 색상번호(실 가닥 수)

＊예) 백 3809(3) = 3809번 실 3가닥으로 백 스티치
도안에 가닥 수가 표시되어 있지 않으면 2가닥으로 놓습니다.

CHAPTER 03

도안 옮기는 법

1 수성 심지에 수성펜으로 도안을 그립니다.

2 천 위에 수성 심지를 올려놓고 주위를 홈질해 고정합니다.

3 천과 심지에 같이 자수를 놓습니다.

4 필요하지 않은 부분은 바짝 자르고 물에 적셔 심지를 녹여 제거해줍니다.

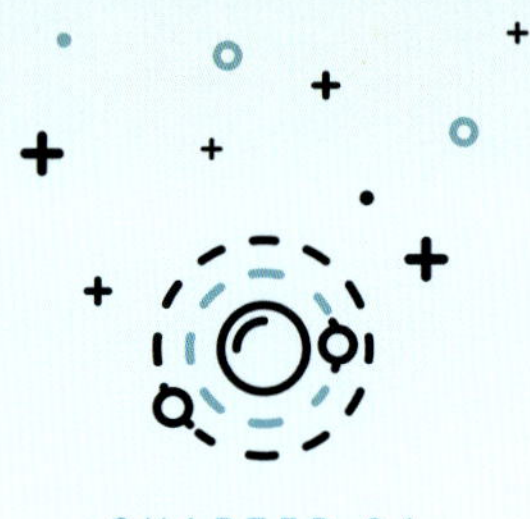

CHAPTER 04

시작하기 전

001 매듭짓기

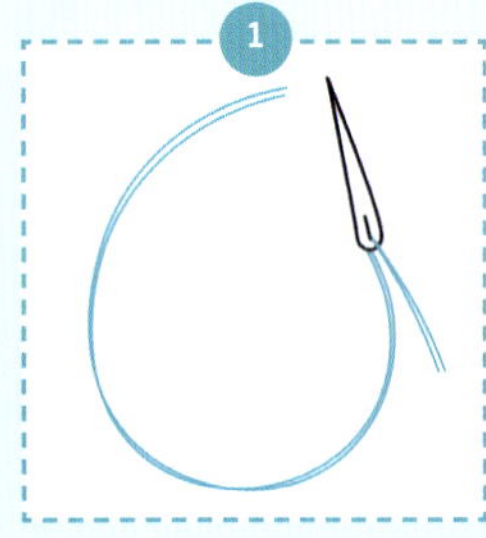

실을 잘 정리해 바늘귀에 끼웁니다.

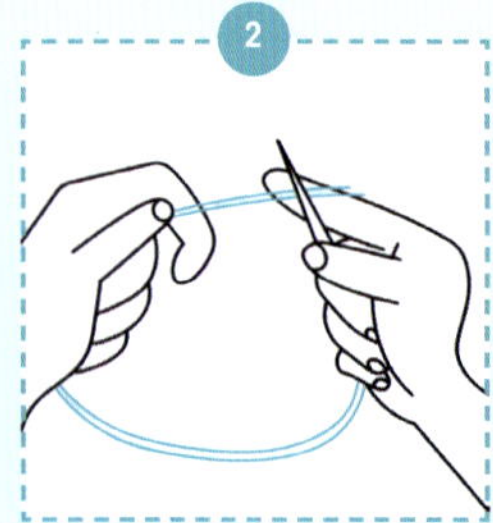

실의 끝을 바늘과 검지 사이에 둡니다.

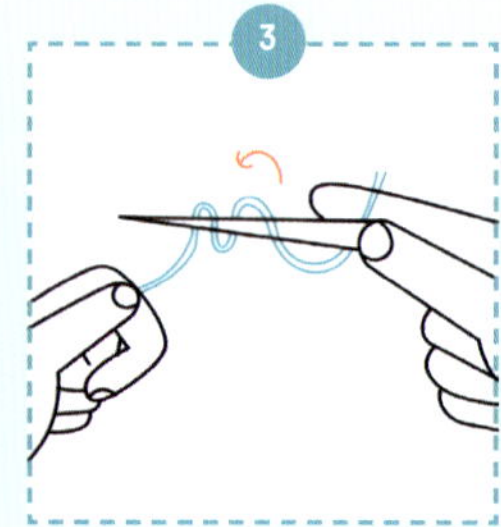

원하는 매듭의 크기만큼 바깥으로 돌려줍니다.

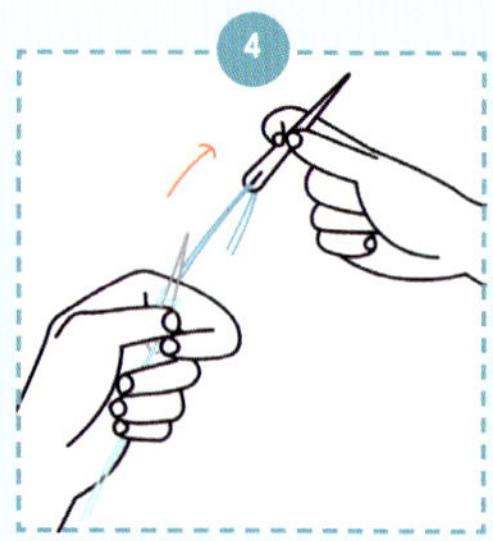

바늘에 감긴 실을 잡고 바늘을 끝까지 통과시킵니다.

002 자수 마무리

구슬 매듭

엄지가 밑으로 오도록 실을 잡습니다.

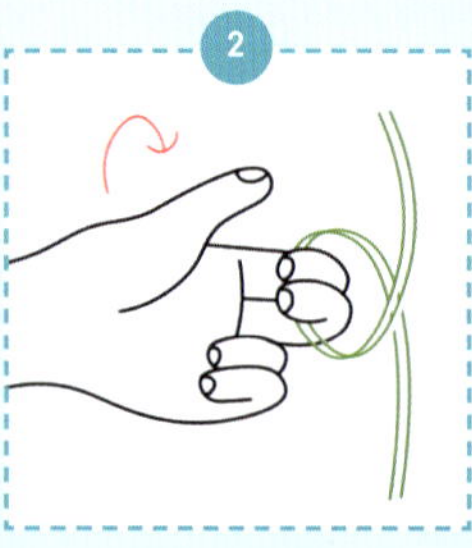

팔을 밖으로 돌려 고리를 만들어줍니다.

고리에 바늘을 통과시킵니다.

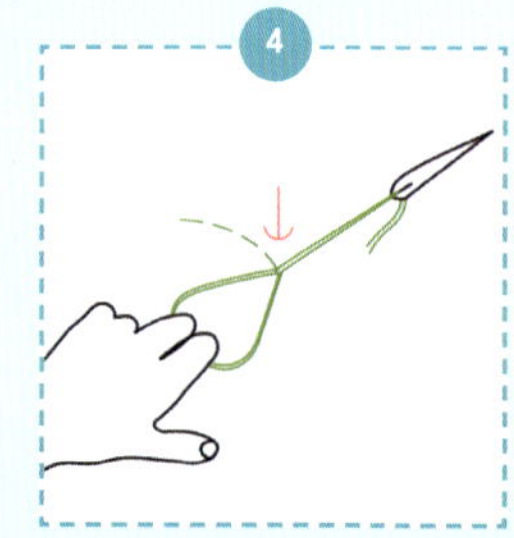

삼각형의 꼭짓점 위치를 매듭지어야 할 곳에 맞추고 바늘을 계속 당겨줍니다.

매듭 없이 마무리

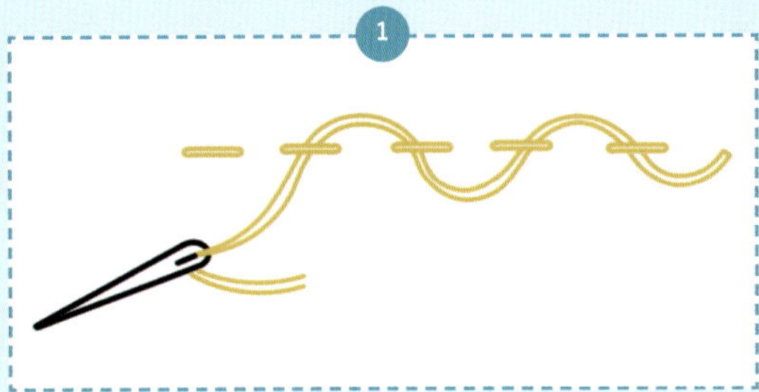

자수 뒷면에서 전에 놓았던 자수들 사이로 풀리지 않도록 바늘을 여러 번 통과시켜줍니다.

CHAPTER 05

기본 스티치

001 스트레이트 스티치 / STRAIGHT STITCH

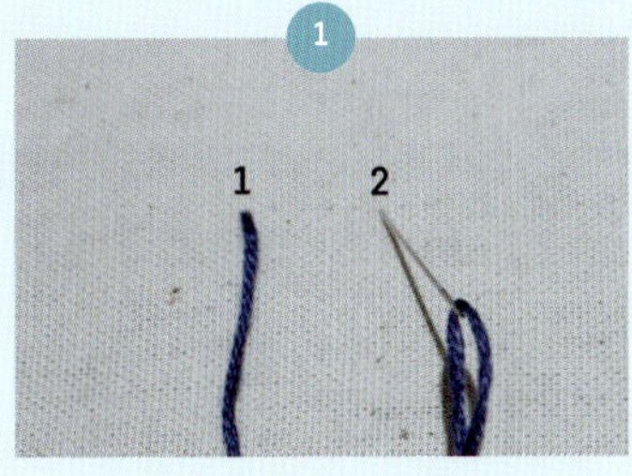

1에서 나와 2로 들어갑니다.

002 백 스티치 / BACK STITCH

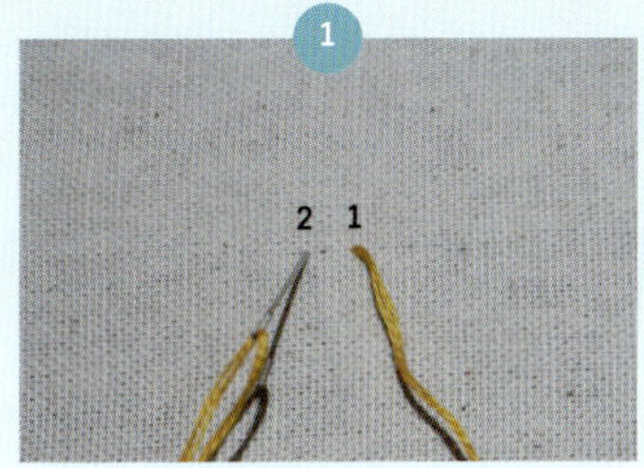

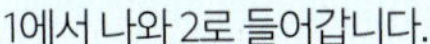

1에서 나와 2로 들어갑니다.

한 땀 옆으로 가 뒤에서 되돌아오며 반복합니다.

003 체인 스티치 / CHAIN STITCH

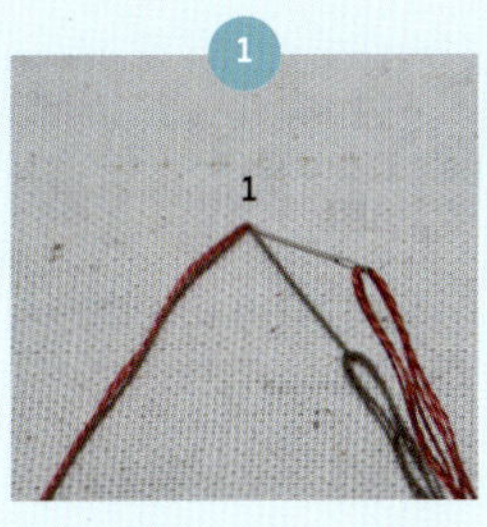

1에서 나와 1로 다시 들어갑니다.

한 땀 앞에서 나온 뒤, 만들어진 고리를 겁니다.

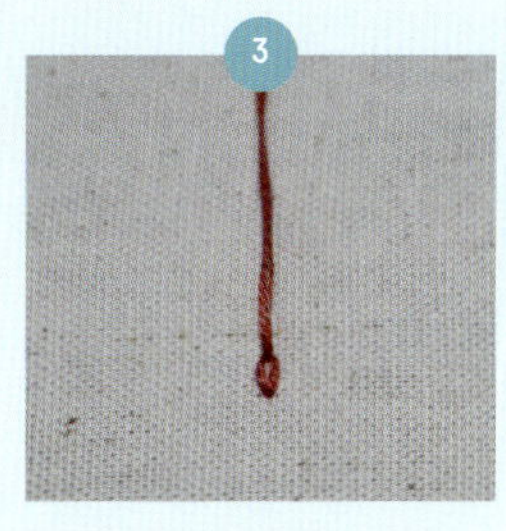

바늘을 끝까지 당깁니다.

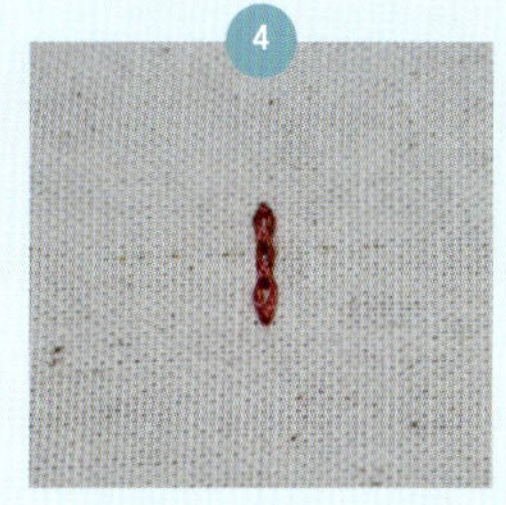

반복하여 체인 스티치를 놓고, 스티치를 끝낼 때는 고리 바깥으로 나가 마감합니다.

004 러닝 스티치 / RUNNING STITCH

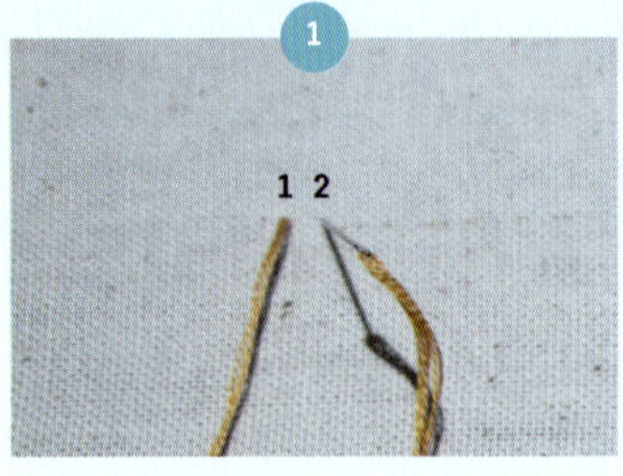

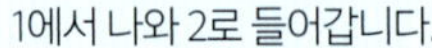
1에서 나와 2로 들어갑니다.

반복합니다.

005 아우트라인 스티치 / OUTLINE STITCH

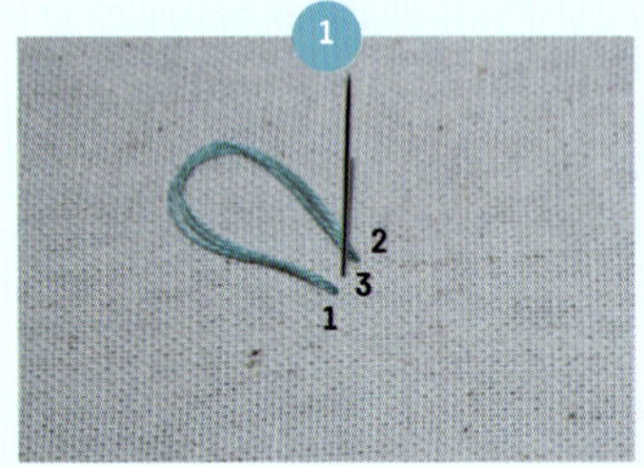

1에서 나와 2로 들어가고, 실을 다 당기지 않은 채 3으로 나옵니다.

4로 들어가며 2으로 나옵니다.

반복합니다.

* 아우트라인으로 곡선을 그릴 경우, 자수실이 도안의 곡선과 같은 호를 그리도록 바늘 옆에 위치해야 라인이 매끄러워집니다.

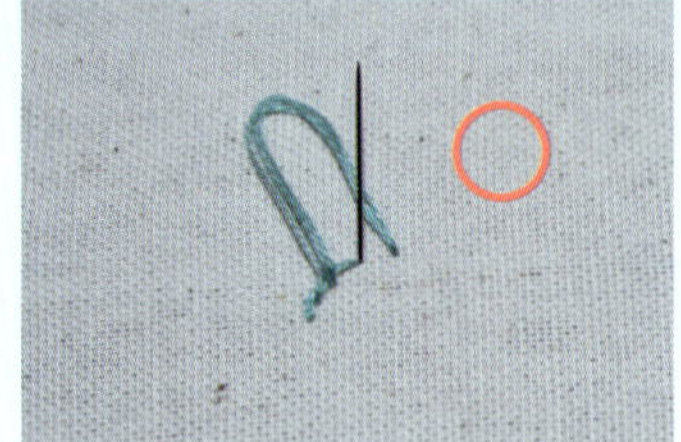

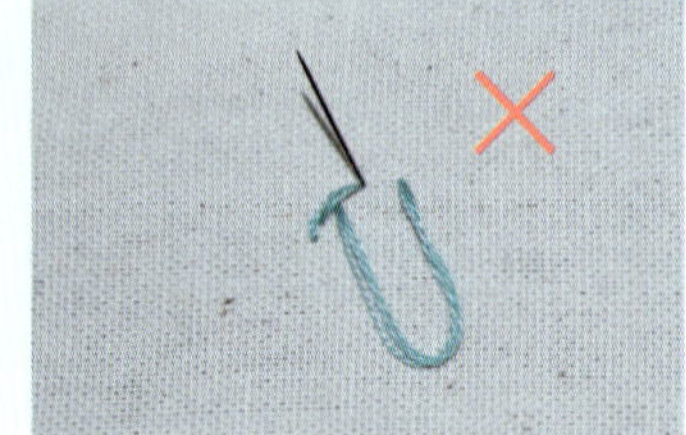

006 카우칭 스티치 / COUCHING STITCH

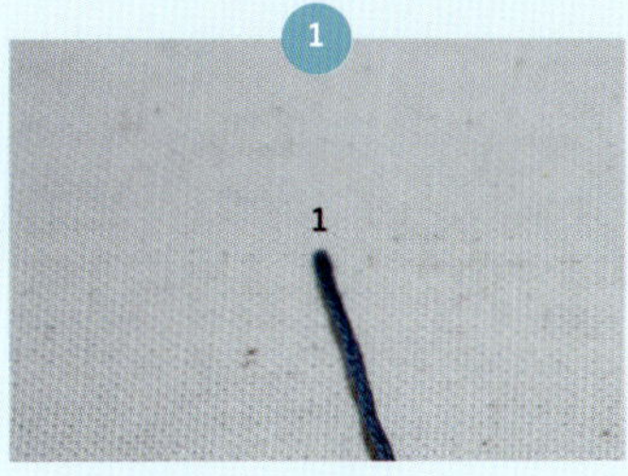

1로 나옵니다.

실 라인에 맞추어 두 번째 바늘로 작게 한 땀씩 떠 고정합니다.

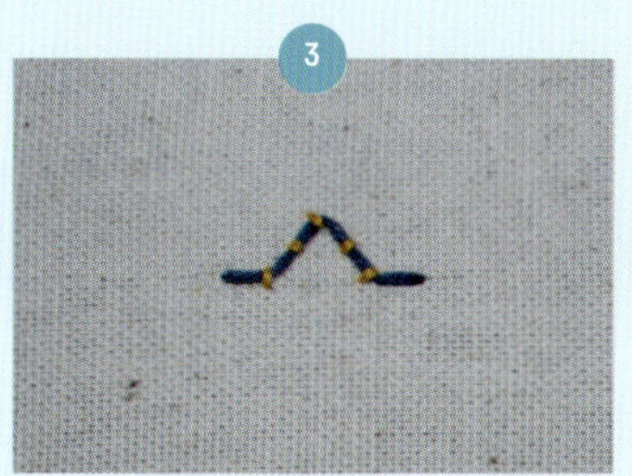

라인이 끝나는 곳으로 들어가 매듭을 짓습니다.

007 새틴 스티치 / SATIN STITCH

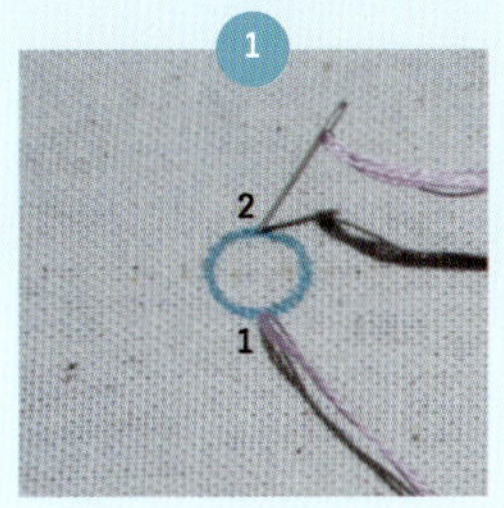

1에서 나와 2로 들어갑니다.

1의 바로 옆으로 나와 2의 바로 옆으로 들어갑니다.

도안의 중간에서 시작해서 한쪽을 다 수놓은 뒤, 반대쪽을 놓습니다.

008 패디드 새틴(도톰한 새틴) 스티치 / PADDED SATIN STITCH

도안을 따라 백 스티치를 놓습니다.

새틴을 놓을 방향과 수직을 이루게끔 스트레이트 스티치를 놓아 백 스티치 안을 채웁니다.

백 스티치와 스트레이트 스티치를 덮으며 새틴 스티치를 놓습니다.

009 휘프트 스파이더 웹 스티치 / WHIPPED SPIDER WEB STITCH

1 별 모양이 되도록 6개의 스트레이트 스티치를 놓습니다.

2 중간과 가까운 곳에서 나와 바늘의 왼쪽과 오른쪽에 있는 스트레이트 스티치를 왼쪽에서부터 같이 통과시킵니다.

3 바늘이 나온 곳을 기준으로 2번 단계를 반복합니다.

010 롱앤숏 스티치 / LONG AND SHORT STITCH

1 짧은 스트레이트(긴 스트레이트의 절반) 스티치와 긴 스트레이트 스티치를 교대로 1단을 놓습니다.

2 다음 단은 긴 스트레이트 스티치를 엇갈려 놓으며 완성합니다.

011 프렌치노트 스티치 / FRENCH KNOT STITCH

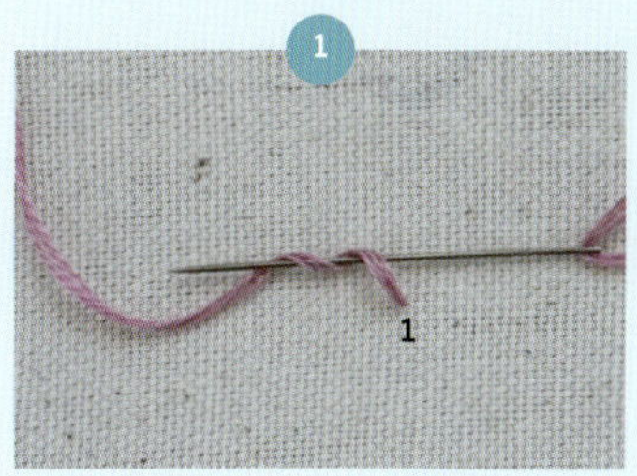

1에서 나온 실을 바늘 위로 3번 감습니다. 만들고 싶은 프렌치노트의 크기에 따라 횟수를 정합니다.

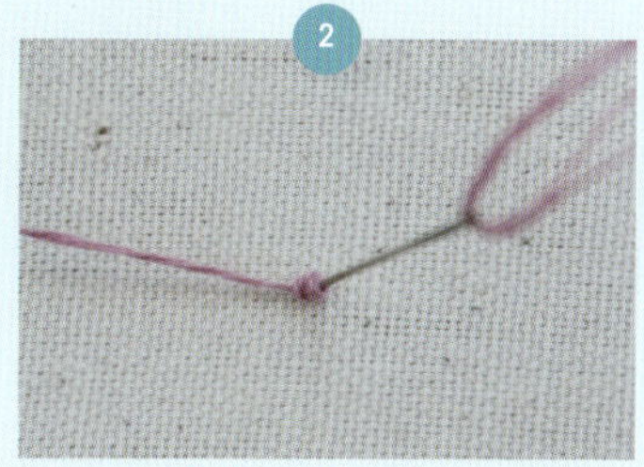

실을 바늘에 감은 상태로 1로 다시 들어갑니다.

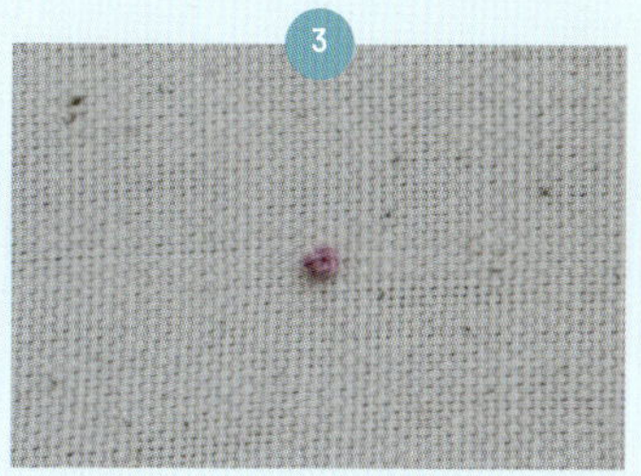

남은 실을 계속 적당히 당겨주며 바늘을 끝까지 통과시킵니다.

* 다 통과하기 전에 실이 덜 당겨지거나 놓아버리면 끝까지 통과하지 못하고 중간에 묶여버립니다.

012 터키시 러그 노트 스티치 / TURKISH RUG KNOT STITCH

1에서 나와 1의 근처로 다시 들어갑니다. 원하는 길이만큼 남겨두고 멈춥니다.

왼손으로 남겨둔 고리를 잡고 1의 근처로 나왔다 들어가며 고리를 계속 만들어 줍니다.

원하는 만큼 놓았으면 뒤에 매듭을 지어 마무리합니다.

가위로 고리들을 자르고 길이를 정리합니다.

013 레이지데이지 스티치 / LAZY-DAISY STITCH

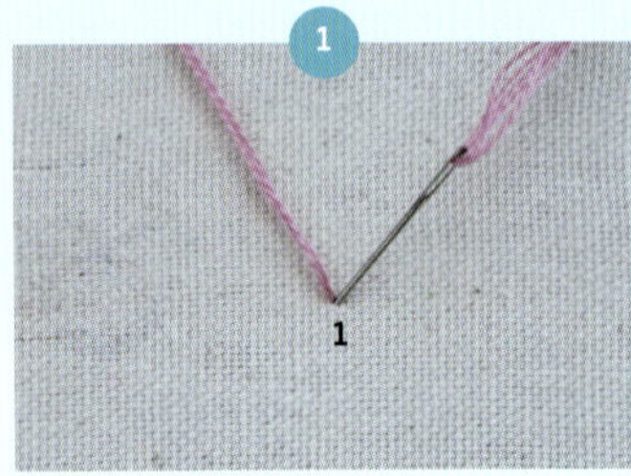

1에서 나와 1로 다시 들어가며 고리를 만듭니다.

2에서 나와 고리를 걸어주고 바늘을 끝까지 당깁니다.

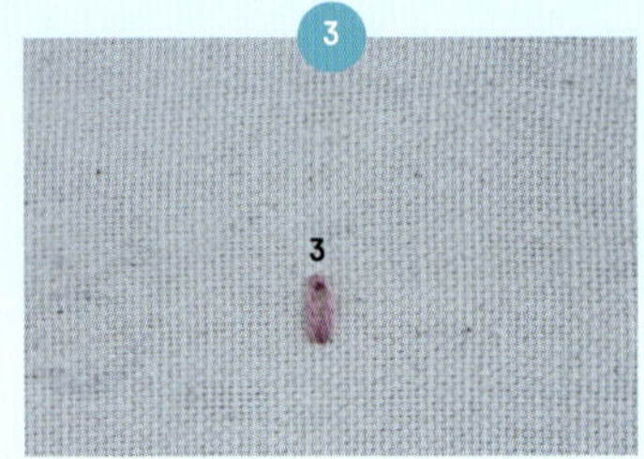

만들어진 고리 위쪽에 가깝게 바늘을 넣어 고정해줍니다.

014 휘프트 백 스티치 / WHIPPED BACK STITCH

라인을 따라 백 스티치를 놓습니다.

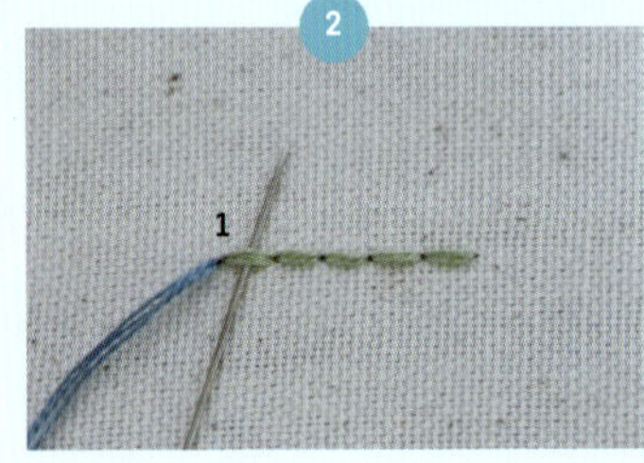

1에서 나와 백 스티치의 땀을 한 방향으로 계속해서 통과시켜 줍니다.

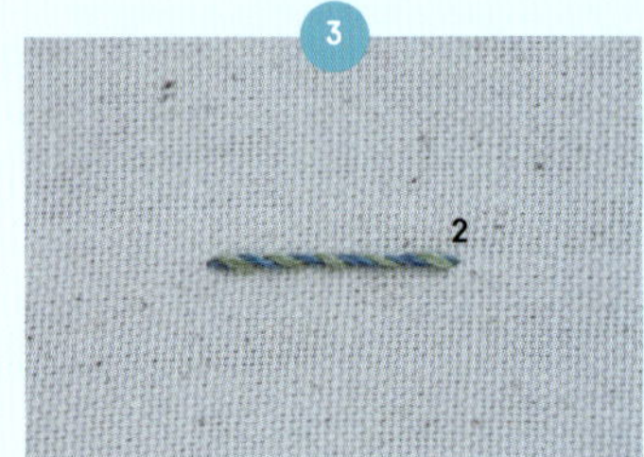

2로 들어가 마무리합니다.

015 버튼홀 스티치 / BUTTONHOLE STITCH

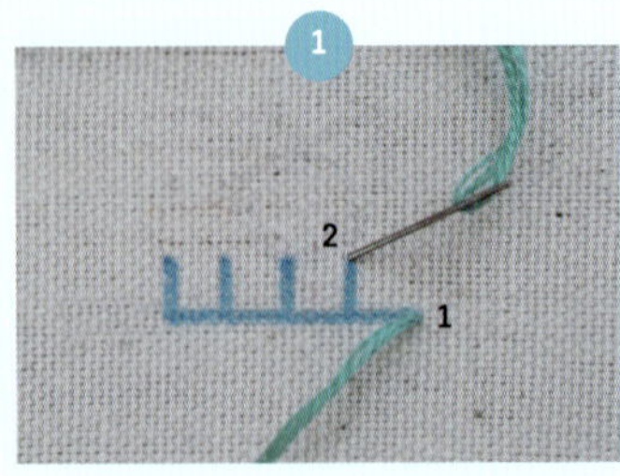

1에서 나와 2으로 들어가 고리를 만들어 줍니다.

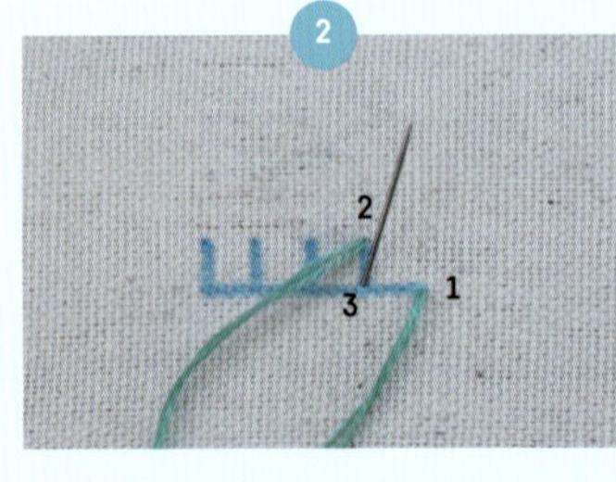

3에서 나와 고리를 걸고 끝까지 나옵니다.

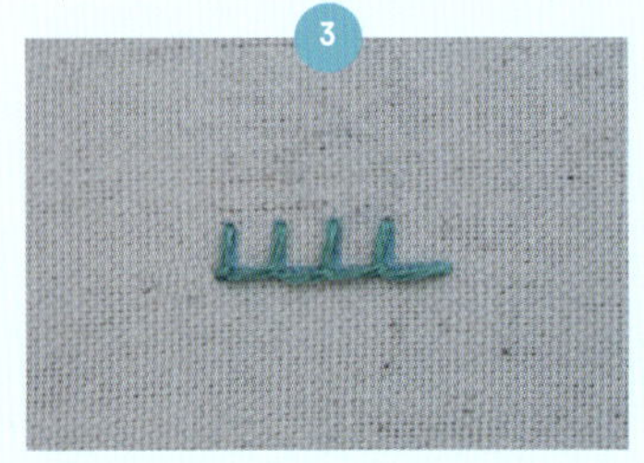

반복하다 끝낼 때는 가장 왼쪽의 모서리 바로 옆으로 들어옵니다.

016 버튼홀(면) 스티치 / BUTTONHOLE STITCH

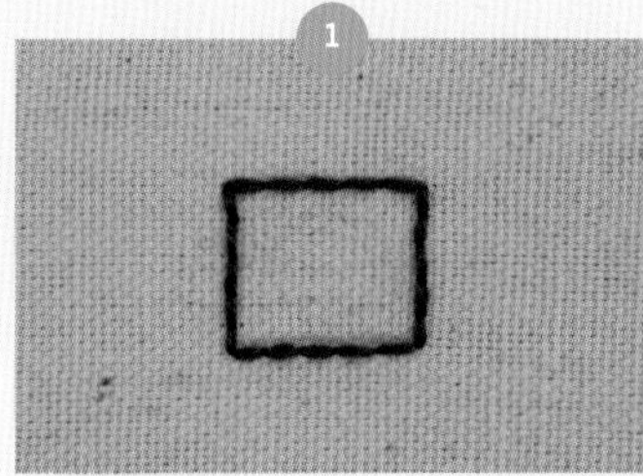

테두리를 백 스티치로 놓아줍니다. 윗면의 백 스티치 길이에 따라 그물의 크기가 달라집니다.

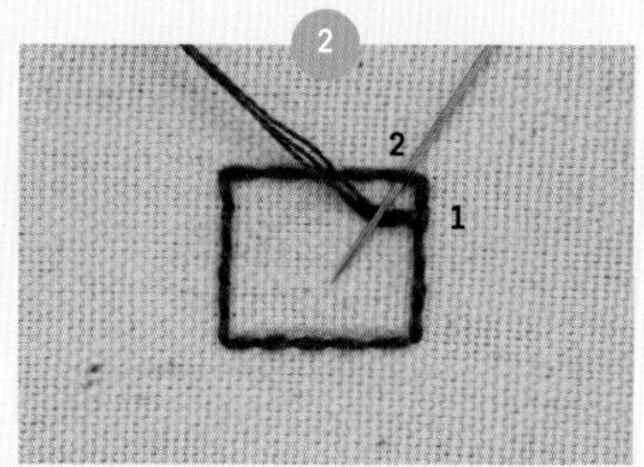

오른쪽 면의 백 스티치 사이로 나온 뒤 윗면의 첫 번째 백 스티치에 바늘을 통과합니다. 1에서 나온 실 위를 지나 왼쪽 하단 대각선으로 당깁니다.

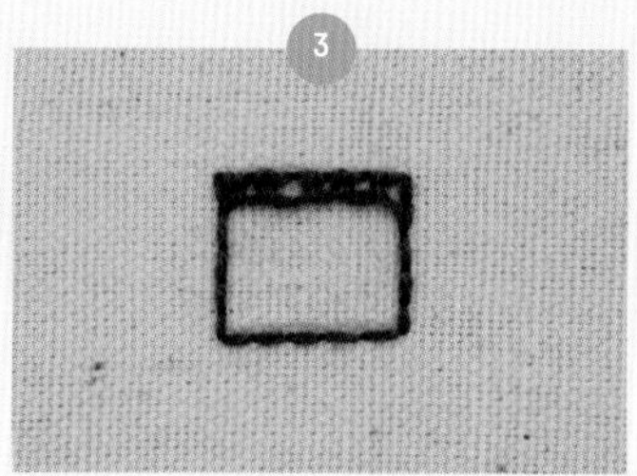

왼쪽으로 진행하며 1, 2단계를 반복해서 1단을 마무리합니다.

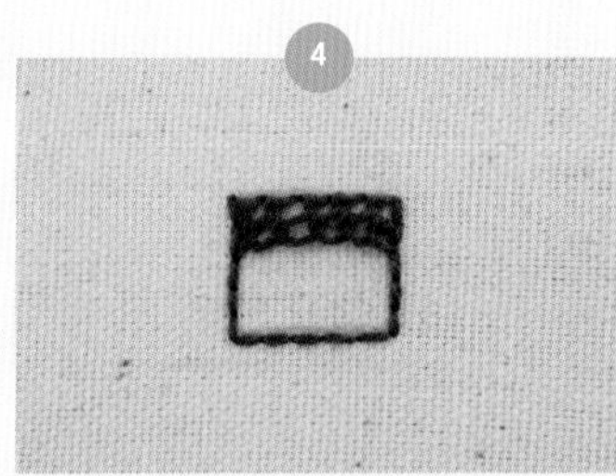

다시 오른쪽 면, 한 땀 밑의 백 스티치로 나와 1단에 바늘을 통과하며 2단을 놓아줍니다.

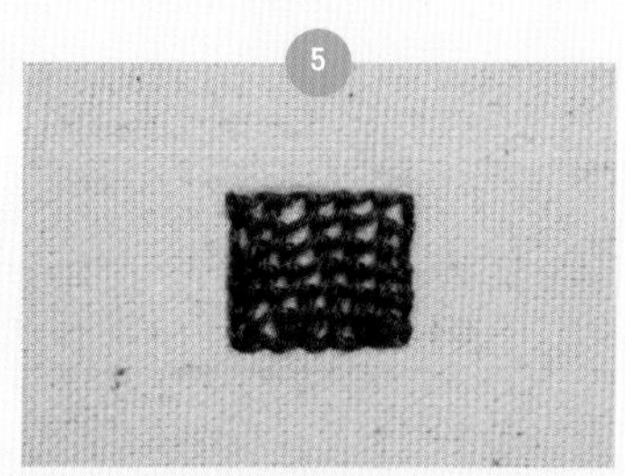

마무리로 그물을 아랫면의 백 스티치에 바느질로 고정해줍니다.

017 피시본 스티치 / FISHBONE STITCH

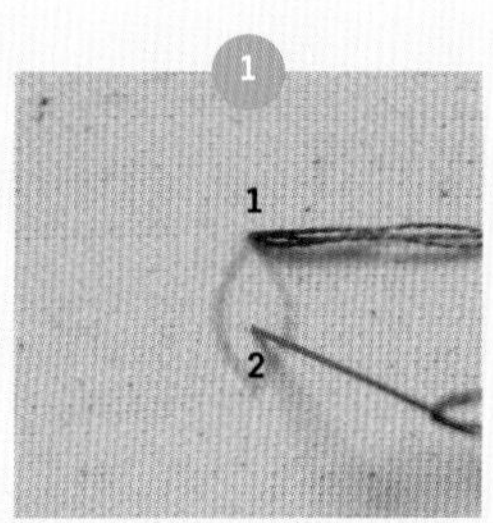

1에서 나와 2로(도안의 정중앙보다 약간 아래쪽) 들어갑니다.

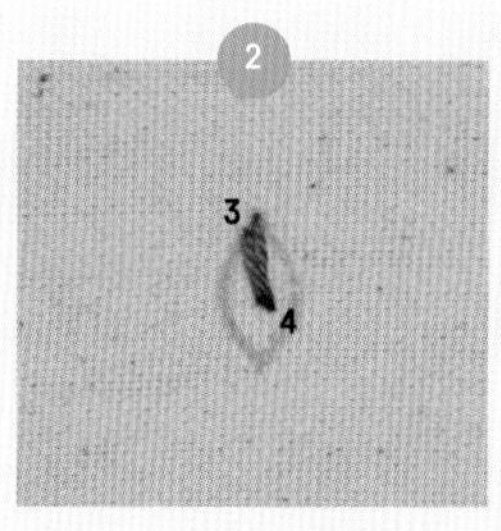

3에서 나와 4로 들어갑니다.

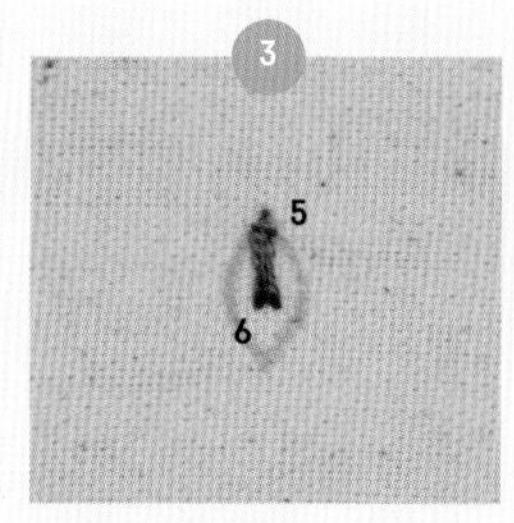

5에서 나와 6으로 들어갑니다.

왼쪽, 오른쪽 번갈아 가며 대각선으로 놓아줍니다.

018 플라이 스티치 / FLY STITCH

1에서 나와 2로 들어가며 고리를 만들어 줍니다.

3으로 나오며 고리를 걸어줍니다.

4으로 들어가 Y 모양을 만듭니다.

019 시프 스티치 / SHEAF STITCH

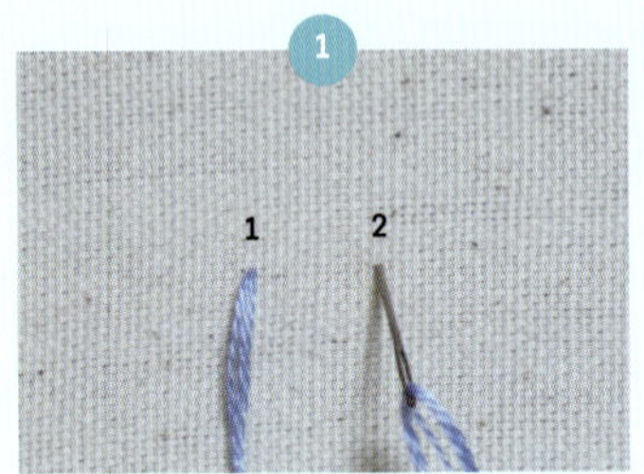

1에서 나와 2로 들어갑니다.

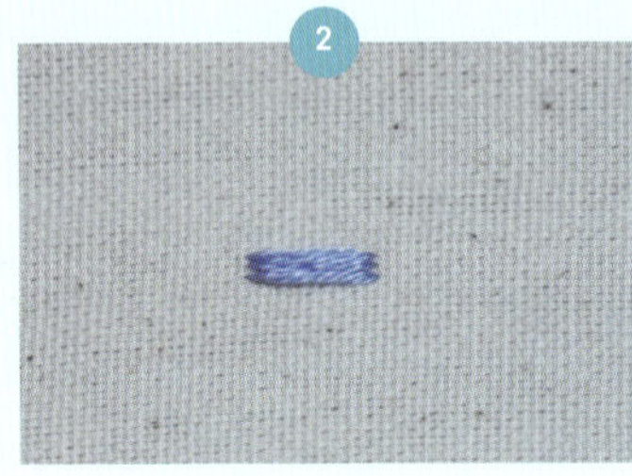

3가닥 정도 연달아 놓습니다.

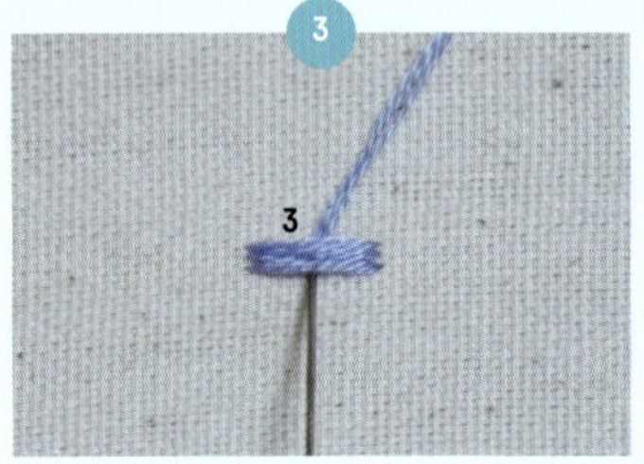

3(자수의 정중앙)에서 나와 3가닥을 모두 감고 3으로 다시 들어갑니다.

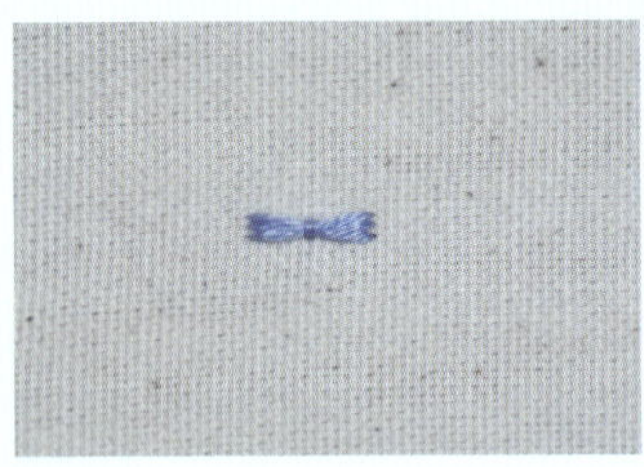

완성!

020 오버캐스트 스티치 아일릿 워크 / OVERCAST STITCH EYELET WORK

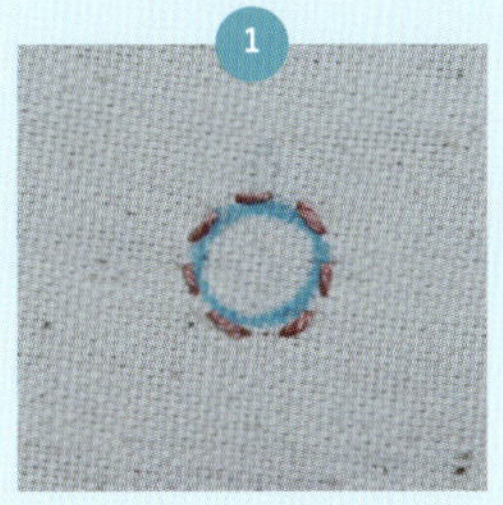

원형의 도안을 따라 러닝 스티치(혹은 백 스티치)를 놓습니다.

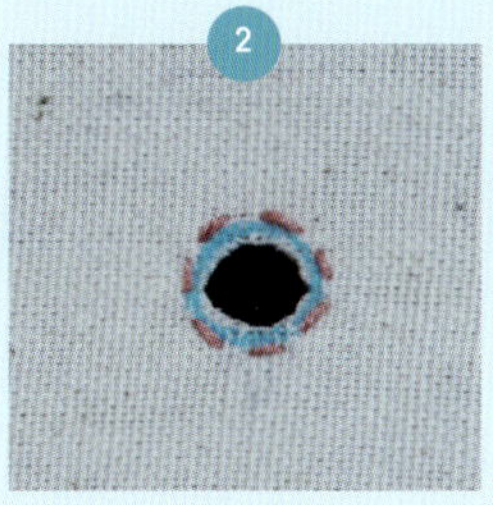

도안 안쪽 천을 잘라냅니다.

1로 나와 구멍을 통과해 다시 1 바로 옆으로 나옵니다.

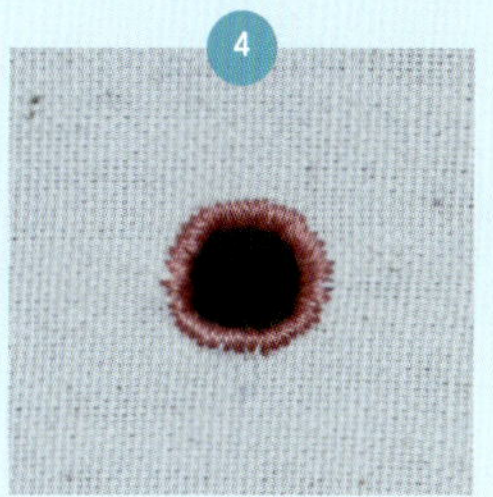

도안을 따라 반복합니다.

021 브레이드 스티치 / BRAID STITCH

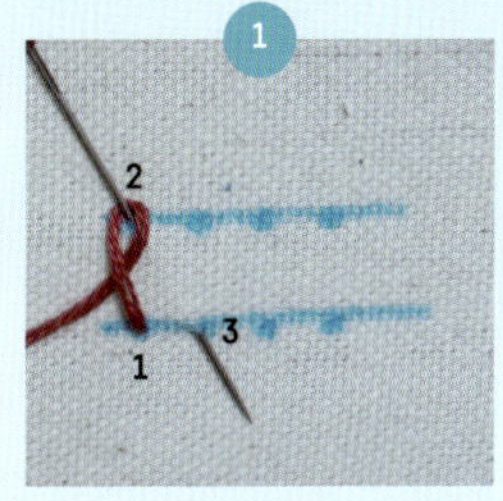

1에서 나와 실을 바늘에 한 바퀴 감아주고 2와 3에 바늘을 통과시킵니다.

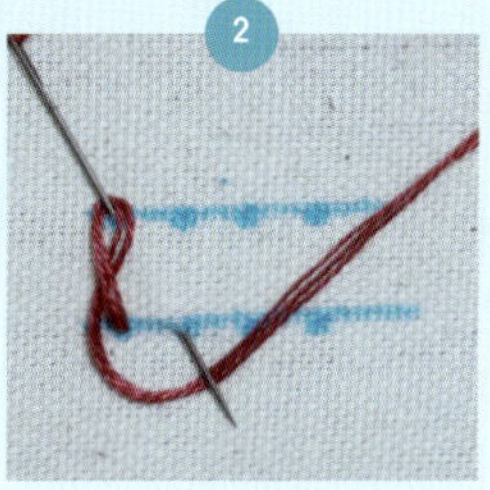

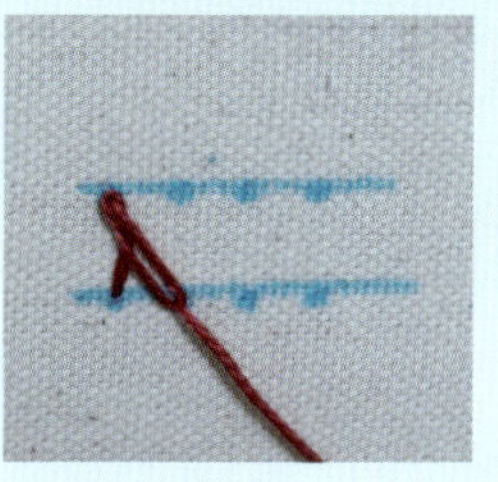

실을 바늘의 밑으로 넣어 바늘을 끝까지 당깁니다.

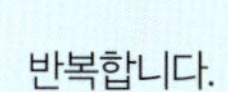

반복합니다.

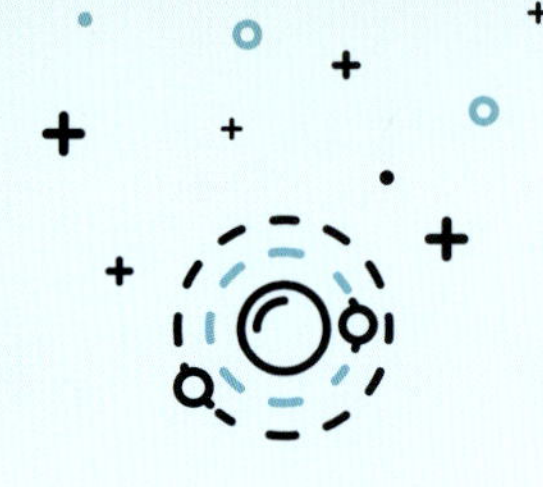

CHAPTER 06

자수 마감 방법

001 솜인형 만들기

1

자수를 놓은 천과 똑같은 크기의 천, 그리고 고리를 준비합니다.

2

고리를 자수 놓은 천 겉면에 뒤집어서 달아줍니다.

3

뒤집어 줄 창구멍을 남겨놓고 박음질로 바느질을 해줍니다.

4

창구멍으로 뒤집어주고 솜을 집어넣습니다.

5

바느질로 창구멍을 막아줍니다.

6

완성된 솜인형은 고리를 이용해 목걸이나 팔찌, 키링 등으로 응용할 수 있어요!

002 바느질 없이 패치 만들기

* 두꺼운 천은 안 돼요. 너무 복잡한 실루엣은 어려울 수 있어요. 목공용 풀이 자수에 묻지 않게 조심해야 해요.

1

자수를 놓은 천에 패치를 만들 라인을 따라 가위집을 내어줍니다.

2

목공용 풀을 앞면에 배어나오지 않도록 소량만 묻혀 줍니다.

3

가위집을 내어놓은 천들을 뒤로 접어 붙입니다.

4

뒷면에 딱딱한 심지나 크라프트지 원단 등을 본드로 붙여 마무리합니다.

5

완성된 패치는 뒷면에 브로치나 고리 등을 달거나 원하는 곳에 바느질하여 응용할 수 있어요!

003 바느질로 패치 만들기

* 복잡한 실루엣도 안정적으로 만들 수 있어요.

1

자수를 놓은 천에 패치를 만들 라인을 따라 버튼홀 스티치를 촘촘하게 놓습니다.

2

버튼홀 스티치를 자르지 않도록 조심하면서 천을 바짝 잘라 줍니다.

3

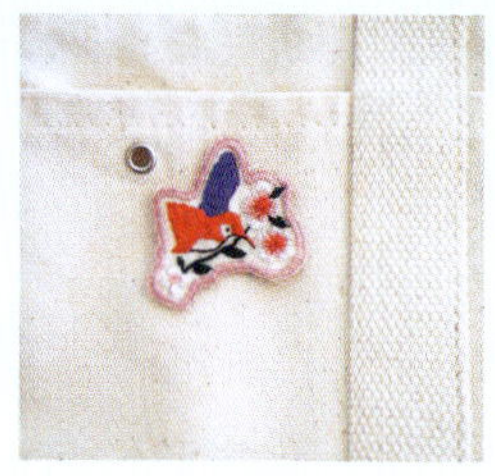

완성된 패치는 뒷면에 브로치나 고리 등을 달거나 원하는 곳에 바느질하여 응용할 수 있어요!

패치 완성 사진

도안

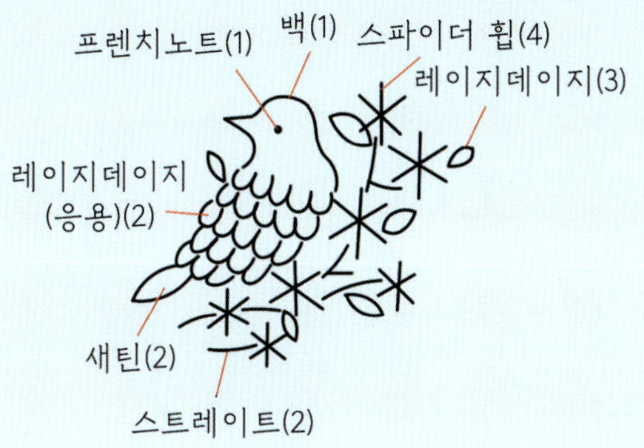
프렌치노트(1)
백(1)
스파이더 휩(4)
레이지데이지(3)
레이지데이지
(응용)(2)
새틴(2)
스트레이트(2)

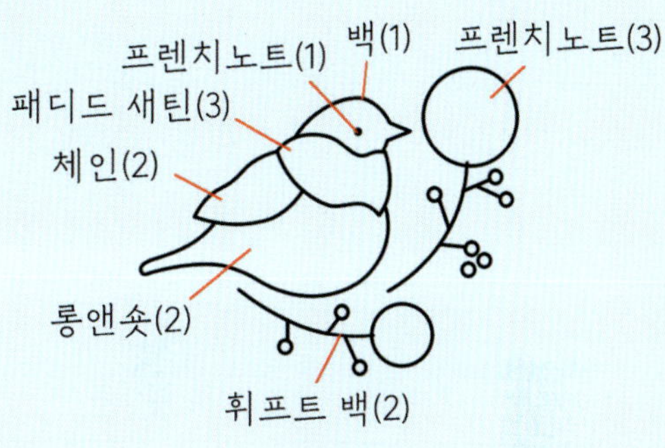
프렌치노트(1)
백(1)
프렌치노트(3)
패디드 새틴(3)
체인(2)
롱앤숏(2)
휘프트 백(2)

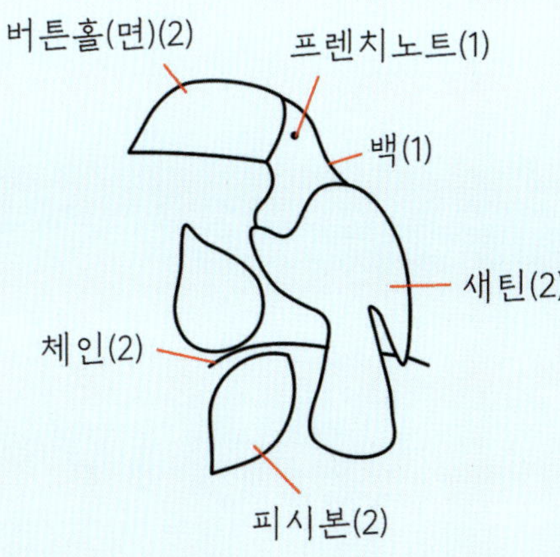
버튼홀(면)(2)
프렌치노트(1)
백(1)
새틴(2)
체인(2)
피시본(2)

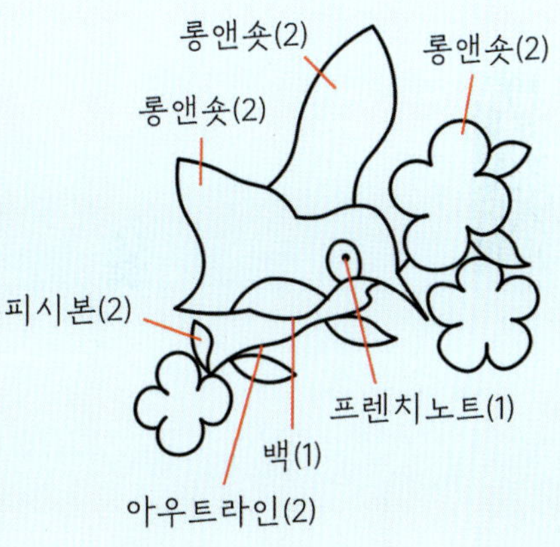
롱앤숏(2)
롱앤숏(2)
롱앤숏(2)
피시본(2)
프렌치노트(1)
백(1)
아우트라인(2)

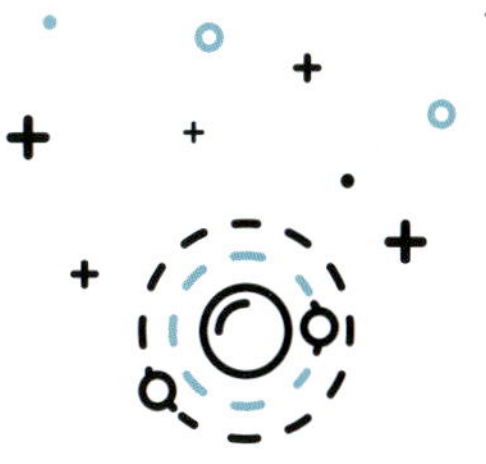

PART 02

함께 걷는 자수 작품들

지구별 여행을 떠날 준비가 모두 끝났습니다!

배웠던 자수 스티치를 이용하여
예쁜 도안을 수놓은 소품을 함께 만들어 봅니다.

탄생화 양말

기분 좋은 걸음을 만들어 줄 나만의 꽃

준비물

양말(얇은 것보단 적당히 도톰한 것이 좋고, 복슬복슬한 양말은 자수를 놓기 어렵습니다.)

TIP

1 양말처럼 늘어나는 천에 자수를 놓을 경우에는 수틀을 사용하지 않고 손으로 잡고 놓아줍니다. 자수를 놓을 때 천이 우그러지지 않도록 실을 바짝 당기지 않게 조심하면서 놓아줍니다.

2 수를 놓기 좋은 양말은 따로 없지만 기본 면양말이 가장 쉽고, 털양말같이 보송보송한 양말일수록 더 어렵습니다. 늘어나는 성질 때문에 양말에 자수 놓기가 너무 어려우시면 다른 천에 자수를 놓아 패치로 만들어 붙이는 방법도 있어요. 다만 패치로 만들어서 양말에 고정할 경우에는 그 부분은 더 이상 늘어나지 않게 됩니다.

001 1월 튤립

도안

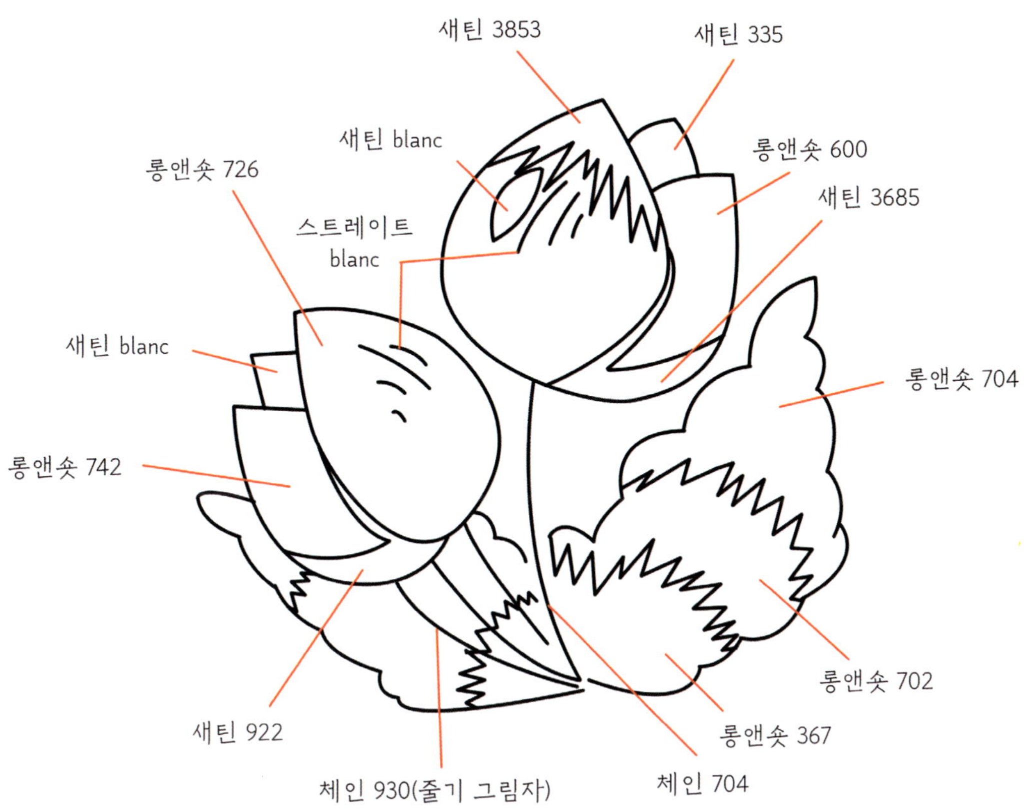

실제 도안 사이즈

4cm x 3.7cm

002 2월 물망초

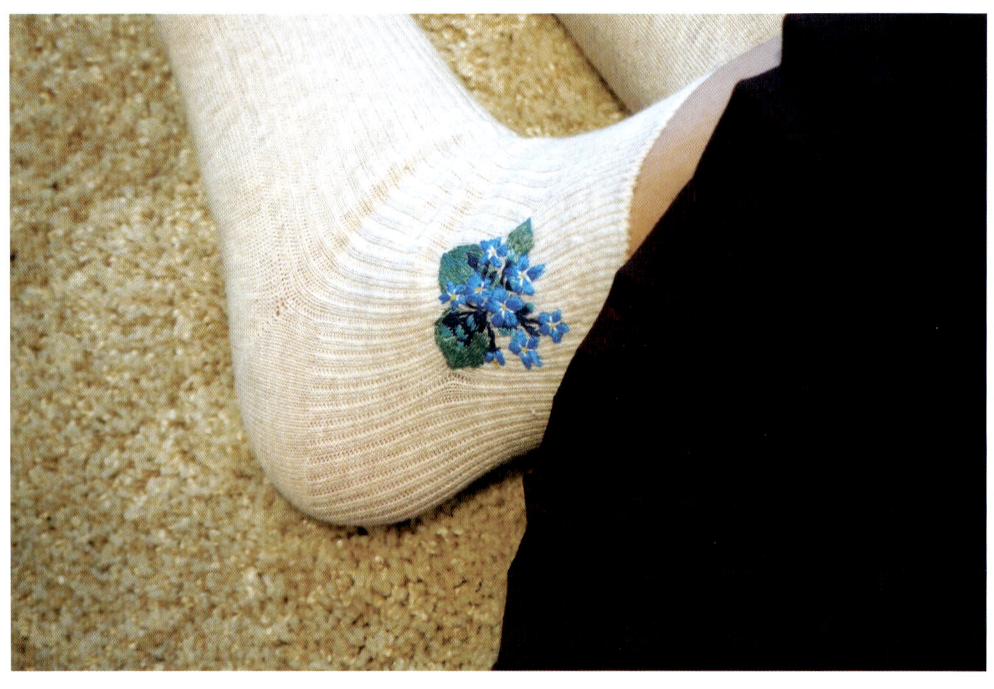

도안

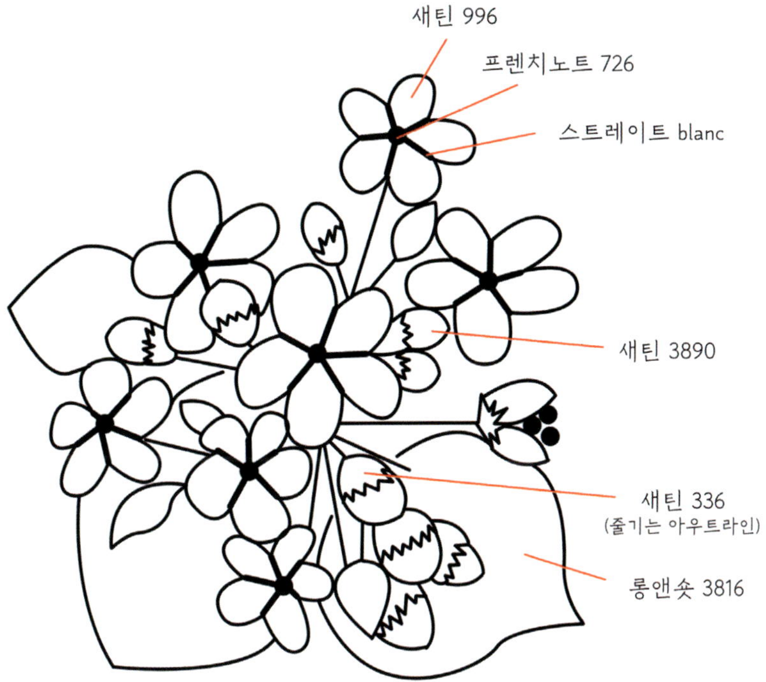

실제 도안 사이즈

4cm x 3.7cm

003 3월 수선화

도안

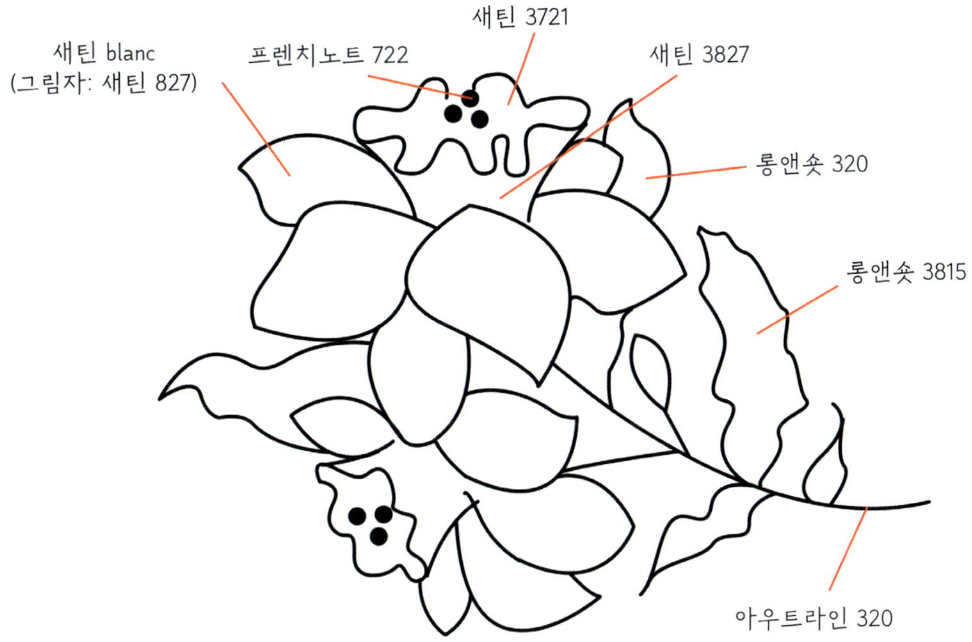

실제 도안 사이즈

4.2cm x 3cm

004 4월 벚꽃

도안

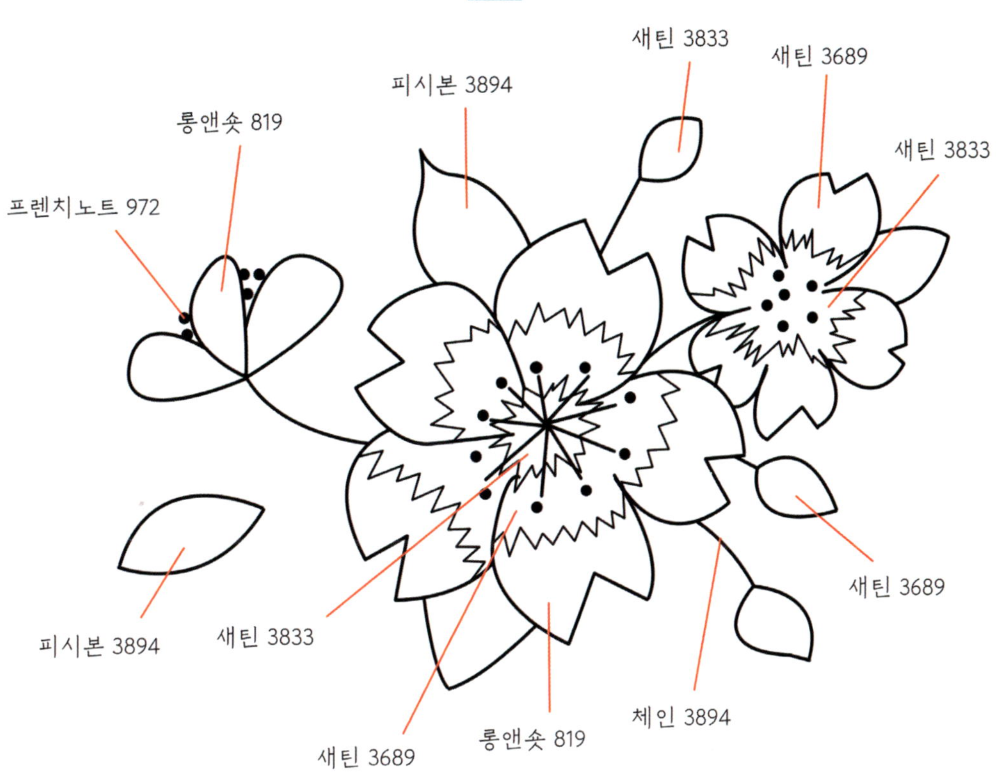

실제 도안 사이즈

6.5cm x 4.5cm

005 5월 은방울꽃

도안

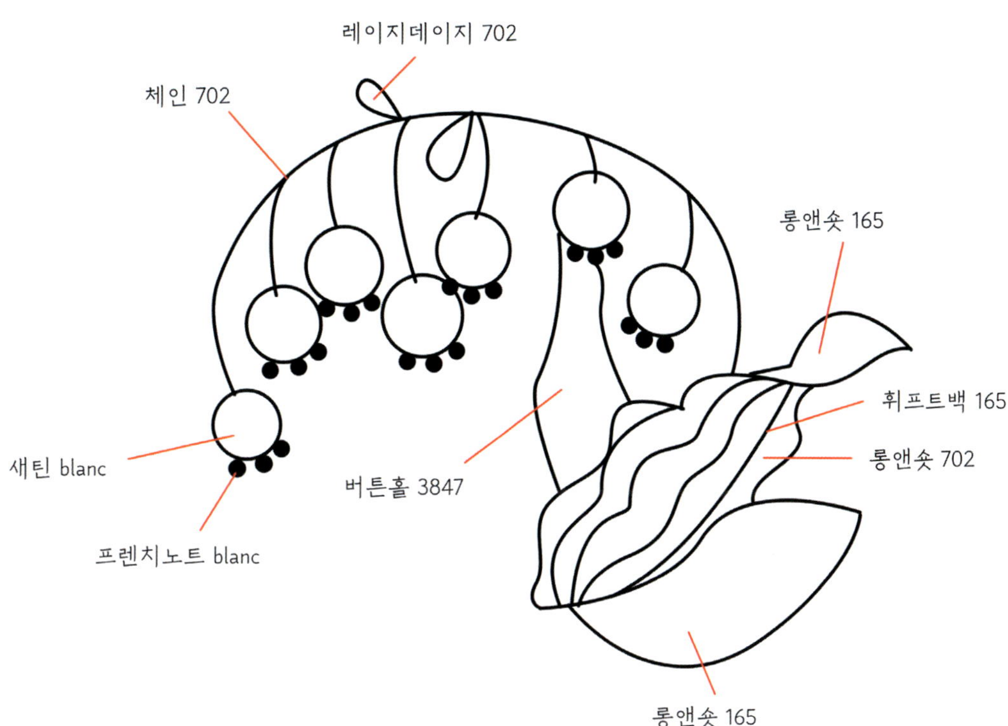

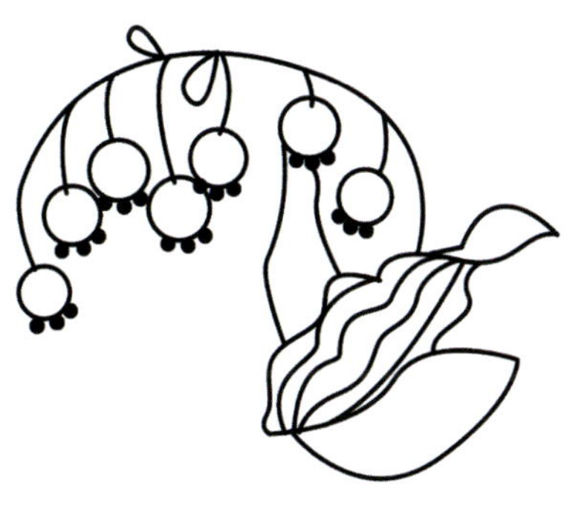

실제 도안 사이즈

5cm x 4.5cm

006 6월 토끼풀

도안

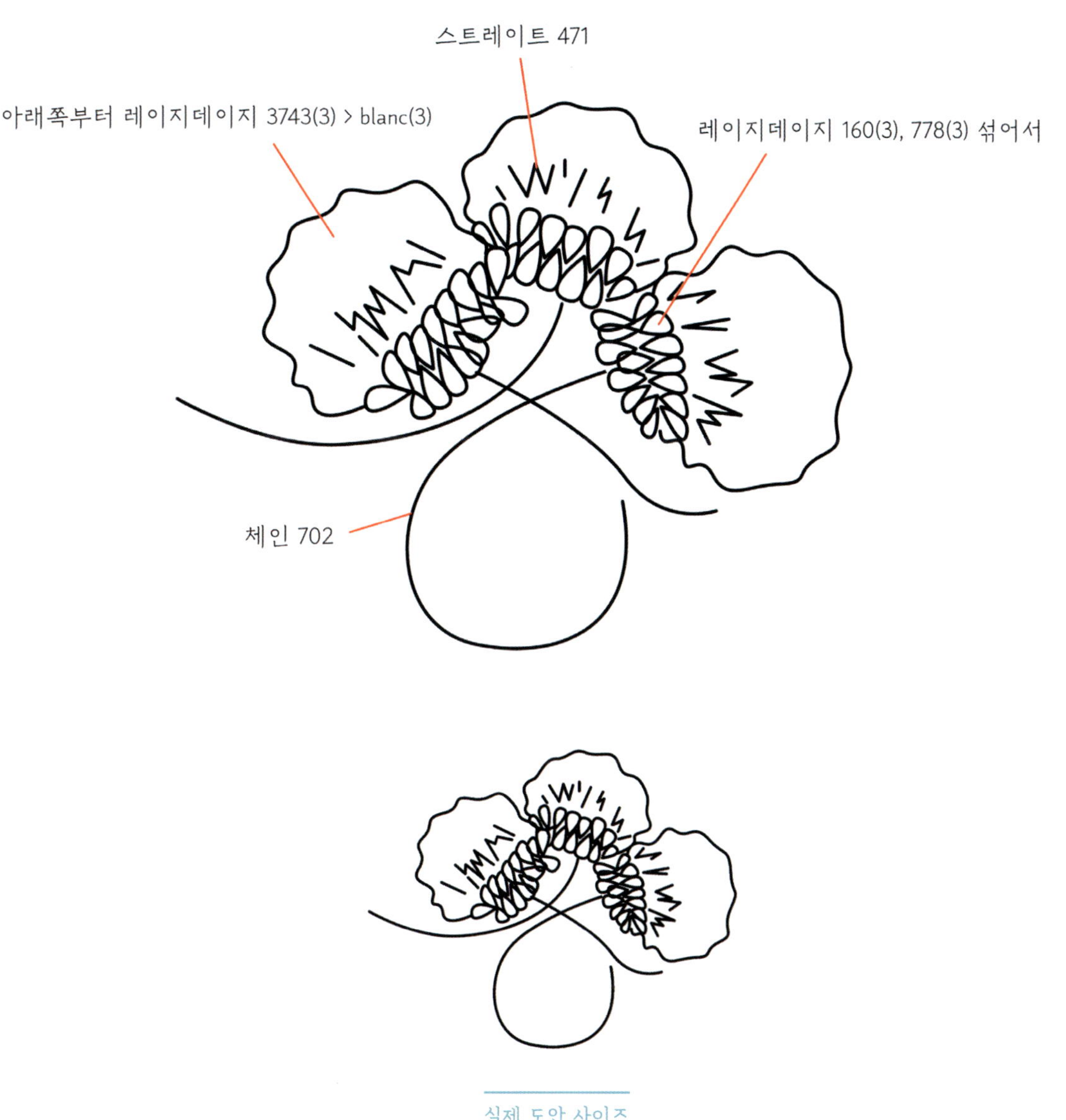

실제 도안 사이즈

5.5cm x 4cm

007 7월 라벤더

도안

* 반대편에도 리본을 중심으로 똑같이 놓아줍니다.

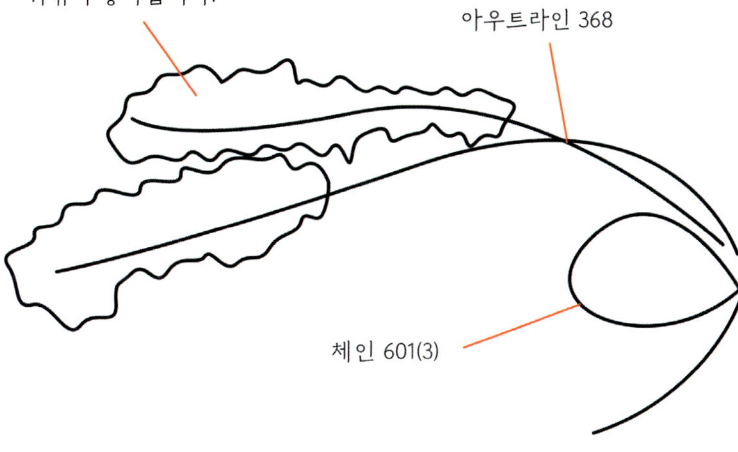

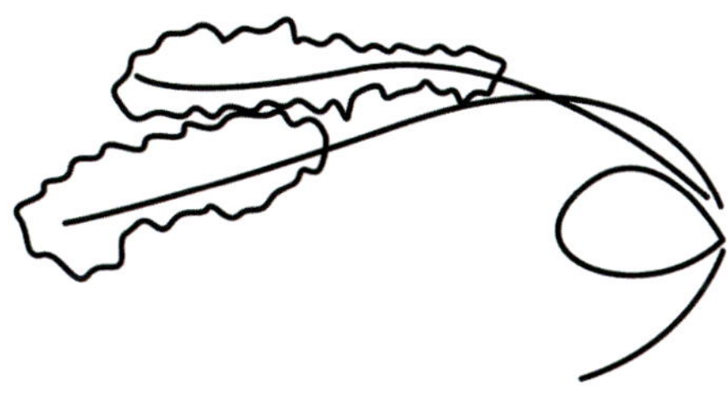

실제 도안 사이즈

6cm x 3cm

008 8월 능소화

도안

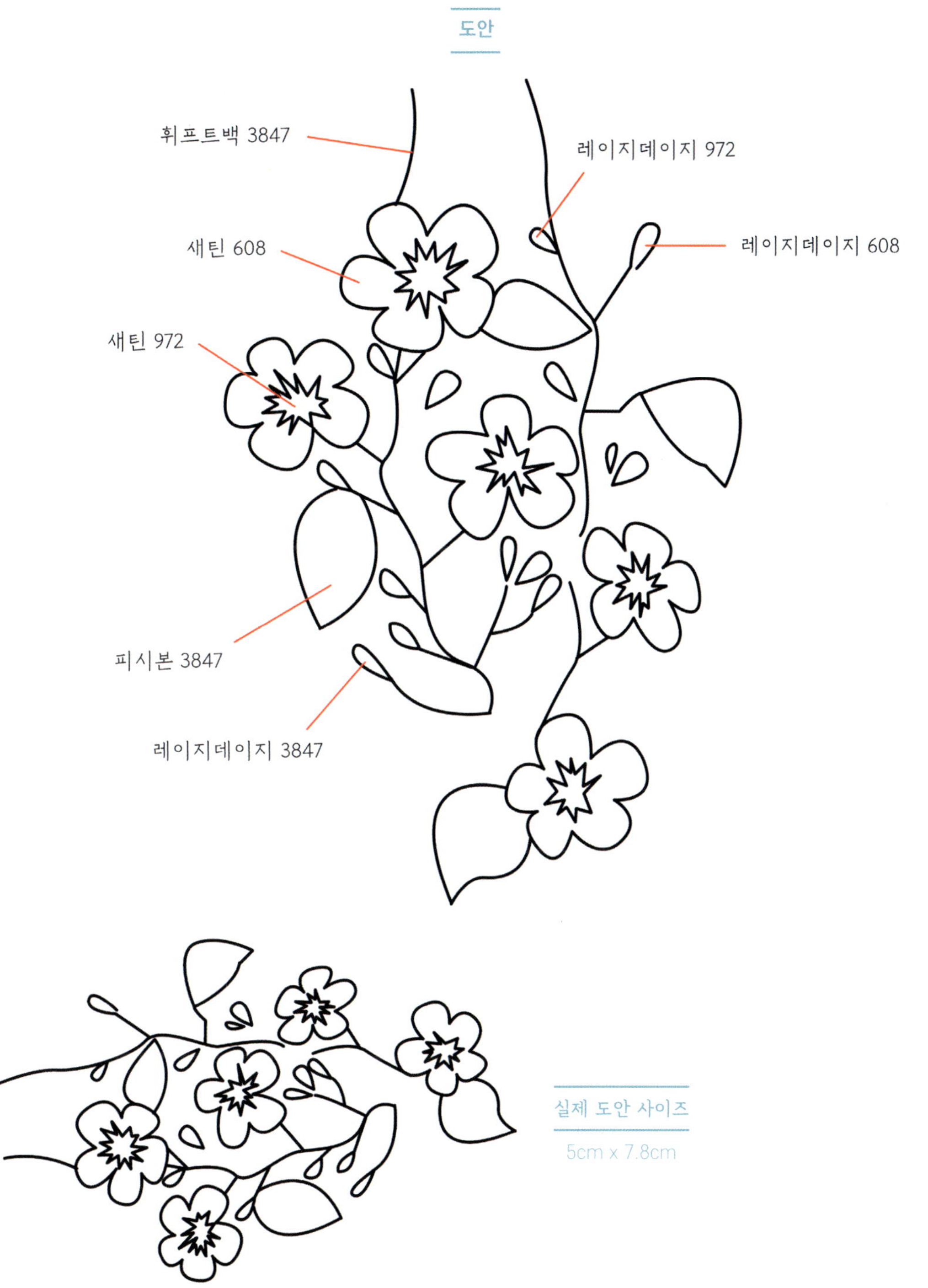

실제 도안 사이즈

5cm x 7.8cm

009 9월 사과꽃

도안

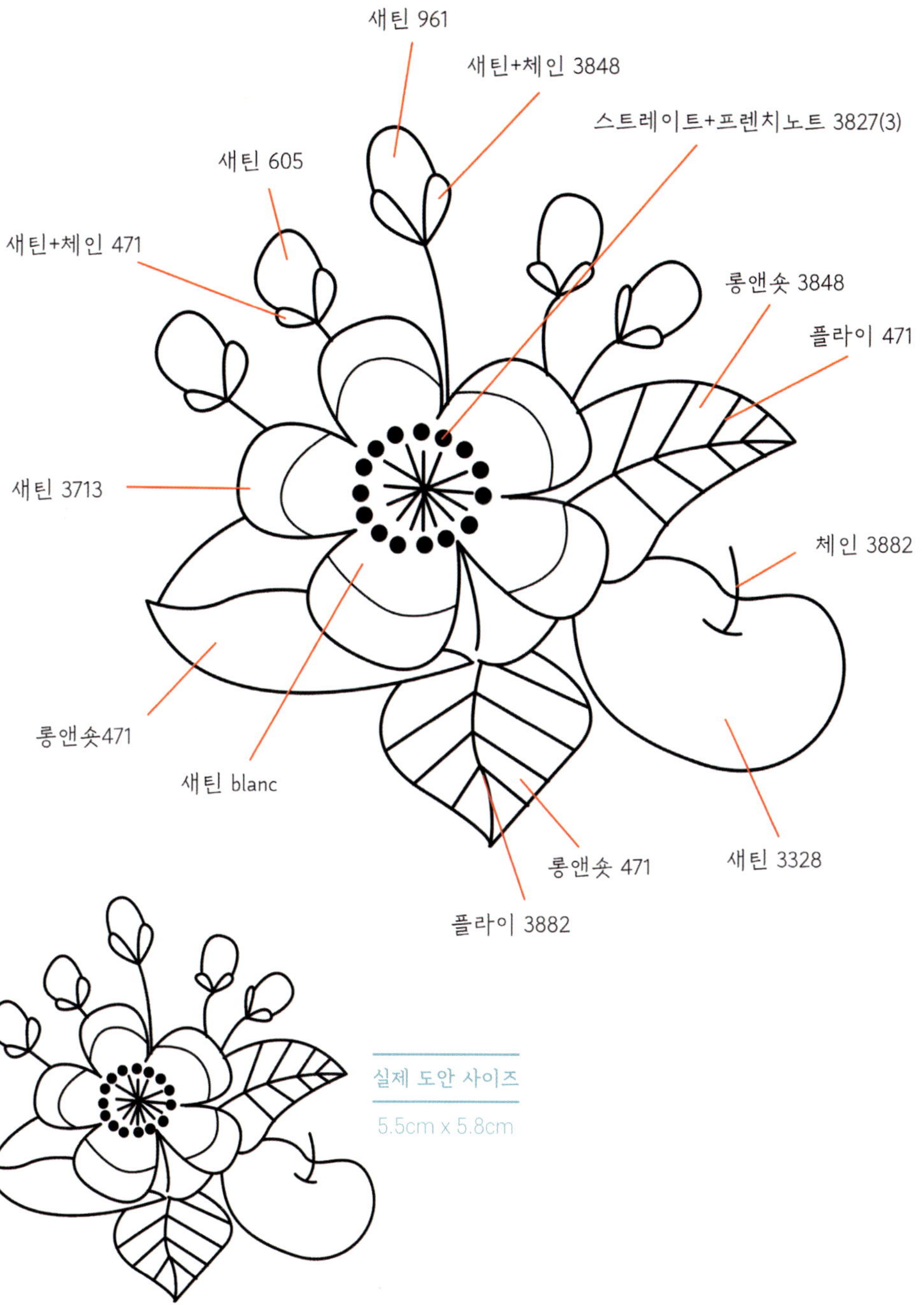

실제 도안 사이즈

5.5cm x 5.8cm

010 10월 매화

도안

실제 도안 사이즈

4.5cm x 4.5cm

011 11월 흰 동백꽃

도안

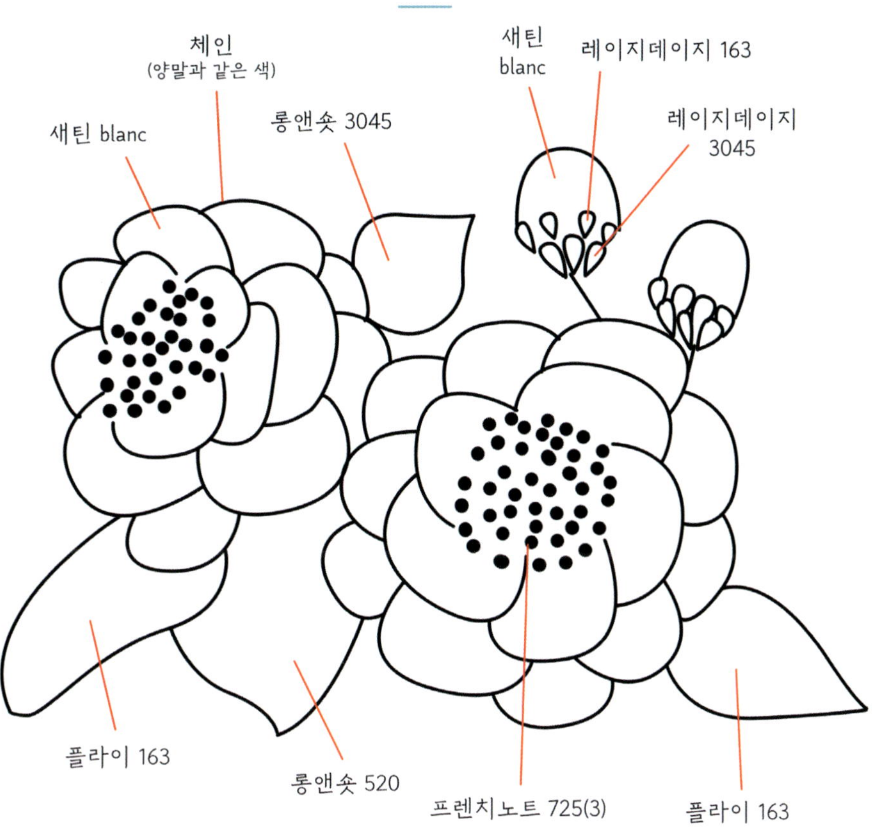

실제 도안 사이즈

7.5cm x 5cm

012 12월 목화

도안

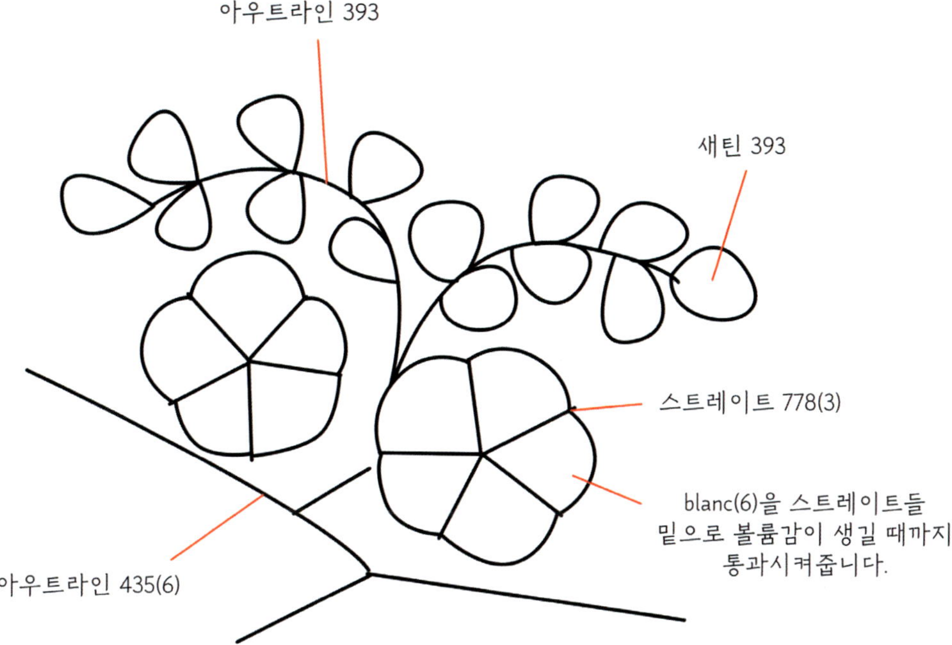

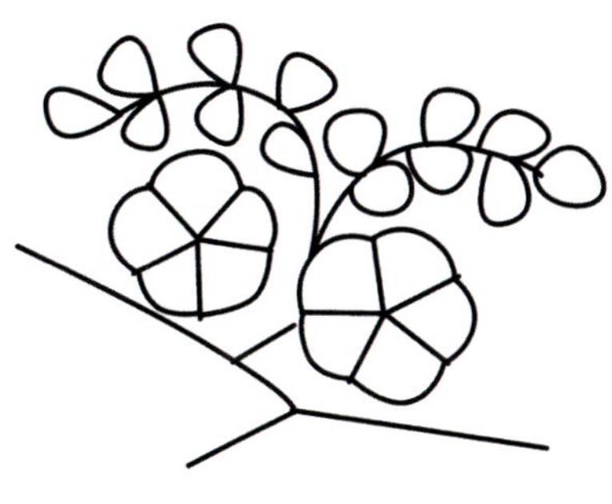

실제 도안 사이즈

5cm x 5cm

사계절 티코스터

사계절 언제라도 차와 함께할 수 있는 풍경

준비물

접착 심지(한쪽 면에 풀이 발린 딱딱한 심지), 인조가죽이나 크라프트지 원단 등의 마감재

001 봄

도안

7.5cm x 8cm

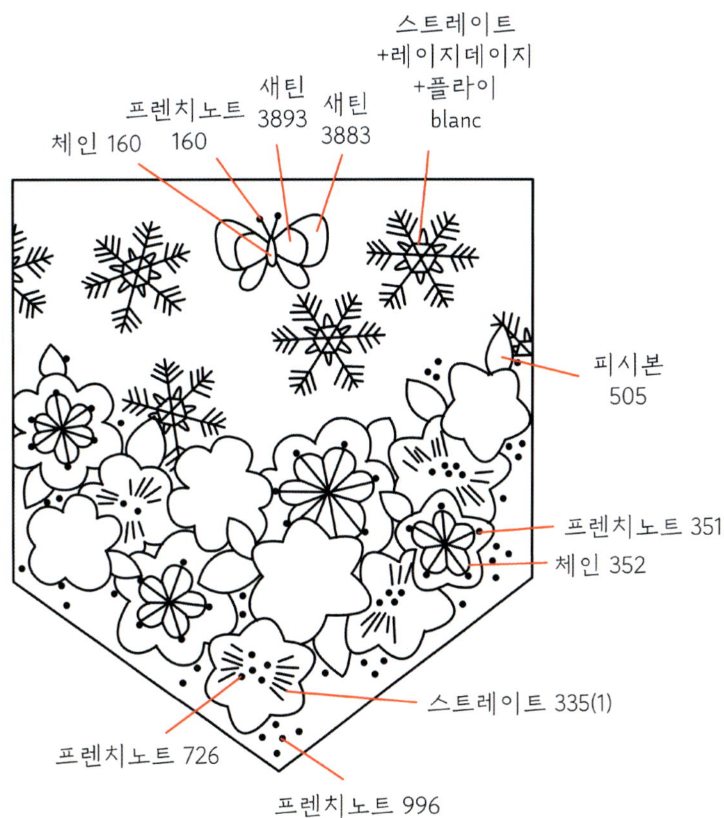

* 꽃들은 집에 있는 자투리 천을 오려 버튼홀로 붙여줍니다.

002 여름

도안

7.5cm x 8cm

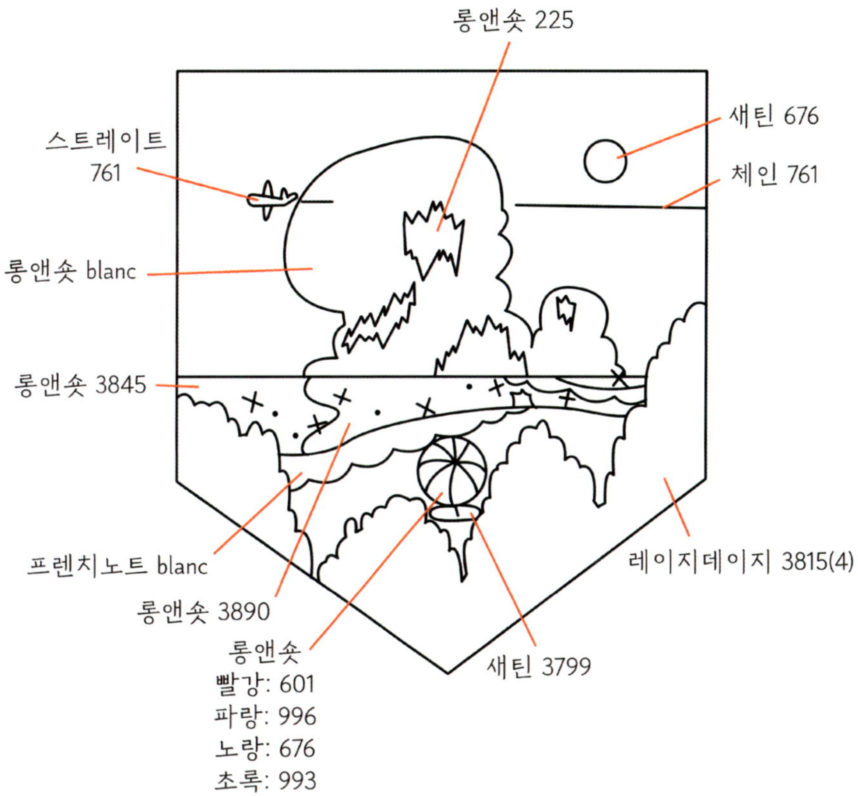
롱앤숏 225
새틴 676
스트레이트
761
체인 761
롱앤숏 blanc
롱앤숏 3845
프렌치노트 blanc
레이지데이지 3815(4)
롱앤숏 3890
롱앤숏
빨강: 601
파랑: 996
노랑: 676
초록: 993
새틴 3799

003 가을

도안

7.5cm x 8cm

* 하늘은 새를 비워두고 롱앤숏으로 위에서부터 157 > 156 > 3839

004 겨울

도안

7.5cm x 8cm

* 하늘 배경은 새틴으로 208, 333, 327 을 섞어 놓아줍니다.
* 집은 왼쪽부터 새틴 223 > 3765 > 155 > 961

티코스터 만드는 법

001 티코스터 만들기

1

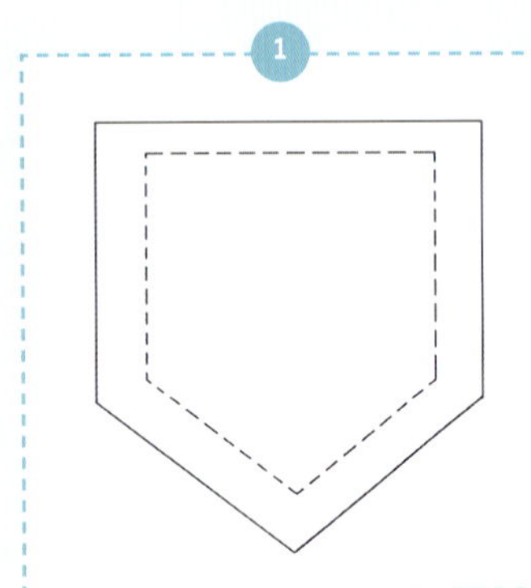

자수 마감 방법 중 '바느질 없이 패치 만들기(27p)'를 참고하여 자수를 패치로 만듭니다. 이때 접혀야 할 부분을 다리미로 먼저 다려주면 더 깔끔하고 반듯하게 만들 수 있습니다.

2

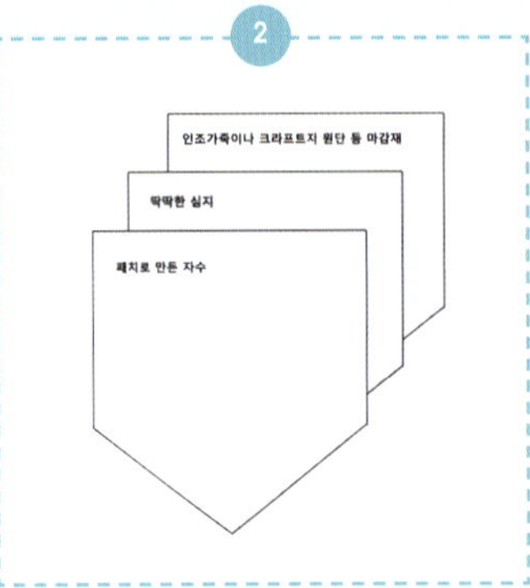

패치로 만들어진 자수와 같은 사이즈로 딱딱한 심지를 붙여주고, 그 뒤에 인조가죽이나 크라프트지 원단 등 단단한 마감재를 붙입니다.

3

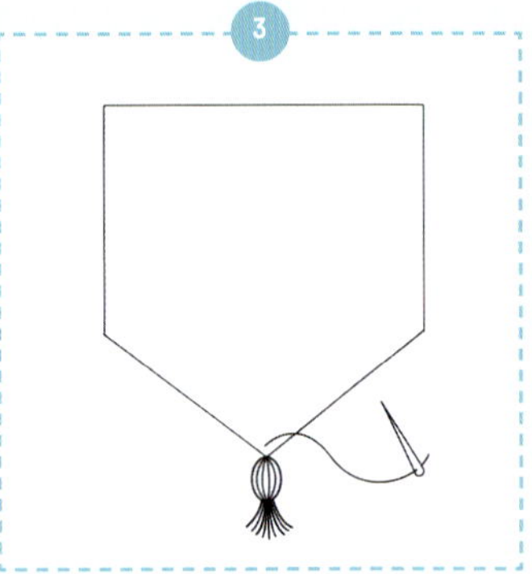

술을 바느질해 달아줍니다.

002 티코스터에 장식할 술 만들기

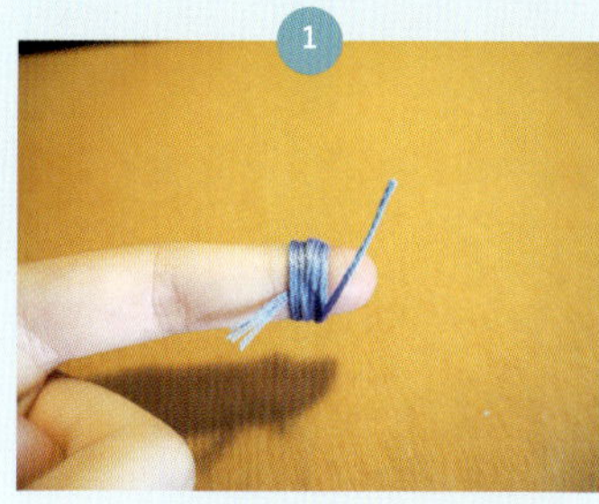

한 손가락에 원하는 색의 자수실을 감습니다.

손가락에서 빼내어 다른 실(2가닥)로 중간을 묶어줍니다.

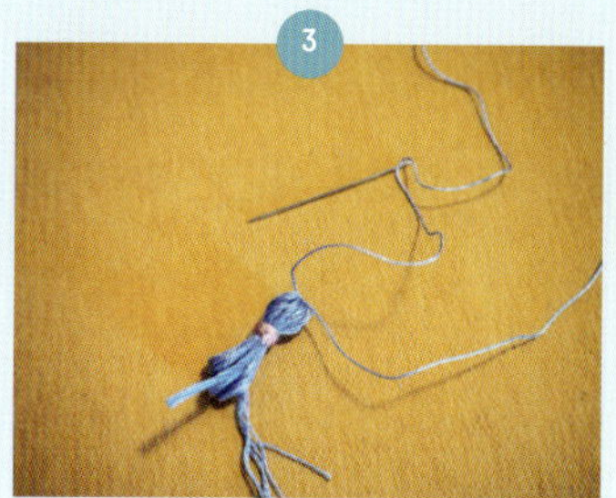

술과 같은 색의 실(1가닥)을 바늘로 고리를 통과해 묶어줍니다.

묶고 남은 실들을 모아 바늘에 끼우고, 티코스터를 통과시킵니다.

빠지지 않도록 뒷면에 구슬 매듭을 지어줍니다.

아랫부분을 자르고 다듬어 술을 완성합니다.

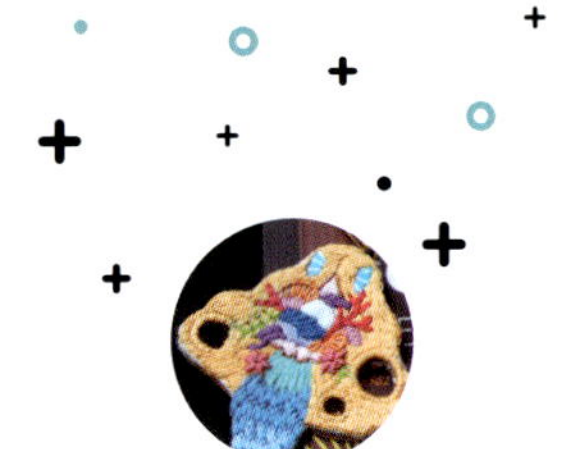

상상 책갈피

피곤한 눈의 휴식을 도와줄 작은 상상

준비물

접착 심지(한쪽 면에 풀이 발린 딱딱한 심지), 7자 책갈피,
체인(너무 얇은 체인을 사용하면 체인 구멍에 C링이 통과하지 못합니다. 적당한 굵기의 체인으로 준비해주세요.),
장식참 (체인 끝에 달아 장식합니다.), C링 (자수와 책갈피, 체인을 연결할 때 사용합니다.), 작은 펜치 2개 (C링을 오므릴 때 사용합니다.)

자수를 완성한 후, 패치로 만들어 C링을 이용해 체인 또는 7자 책갈피를 연결해줍니다. 자수 패치에 C링을 통과시킬때는 먼저 굵은 바늘로 자수에 구멍을 내어준 뒤 통과시켜줍니다.

MIGUEL DE CERVANTES
DON QUIJOTE
DE LA MANCHA
ÇOL SAVAŞLARI | J.E. PACHECO
Victor Català (Caterina Albert i Paradís)

001 인어 책갈피

도안

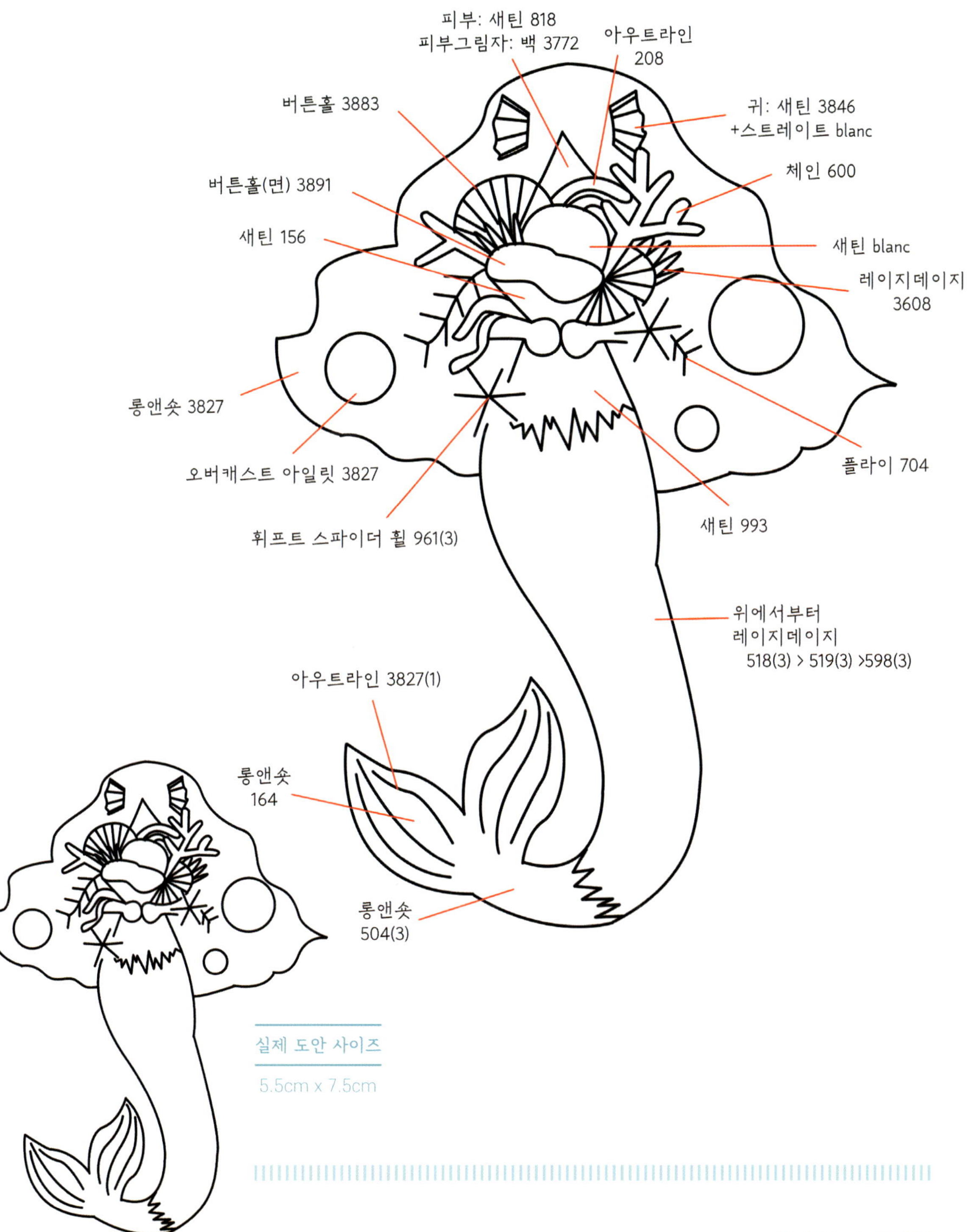

실제 도안 사이즈

5.5cm x 7.5cm

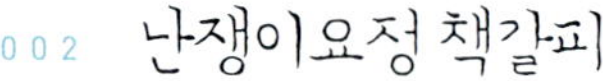

002 난쟁이요정 책갈피

도안

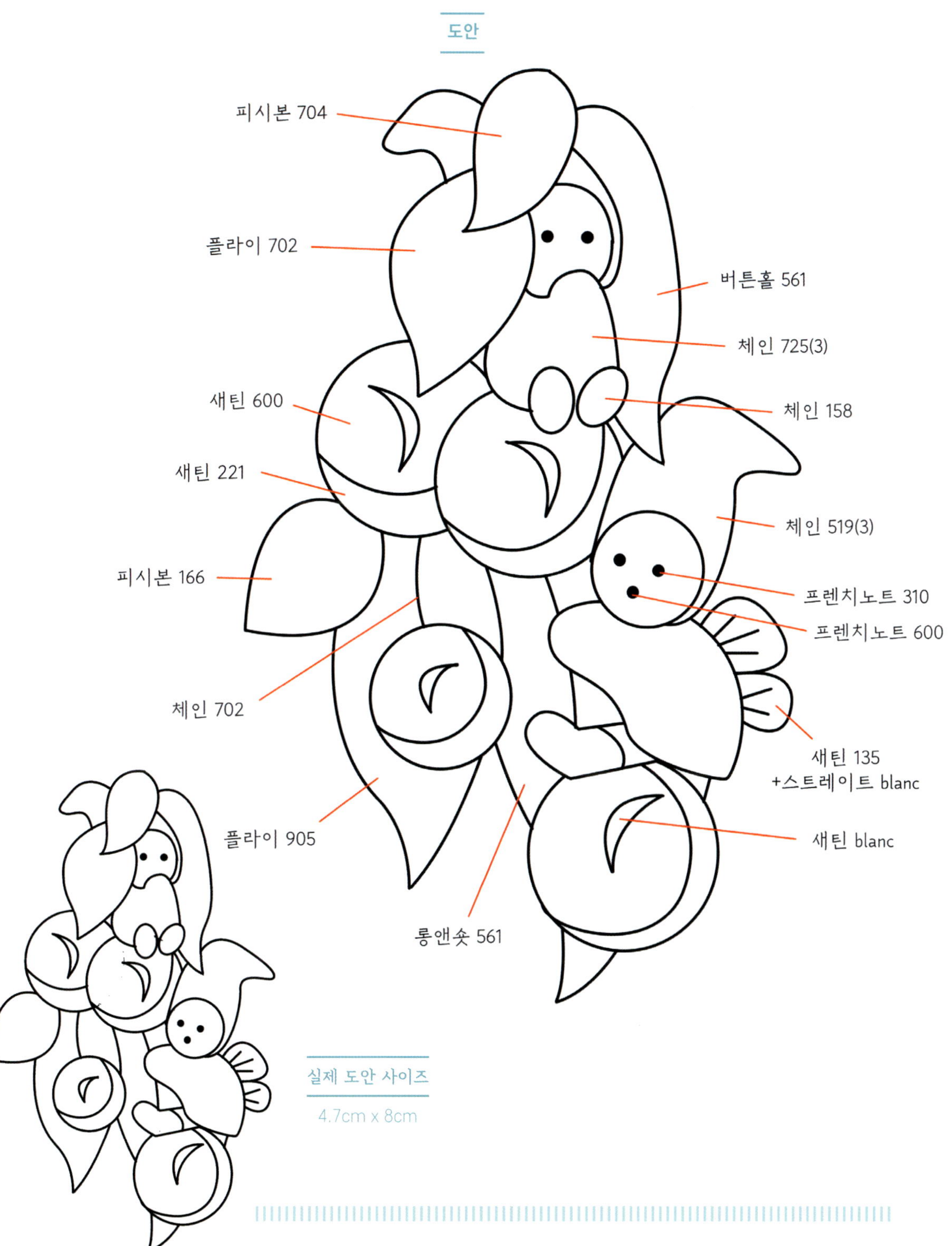

실제 도안 사이즈

4.7cm x 8cm

노래가 들려오는 소라 키링

파도 소리가 그리울 때

준비물

접착 심지(한쪽 면에 풀이 발린 딱딱한 심지), 인조가죽이나 크라프트지 원단 등 마감재

VENQUE
CRAFT CO.

도안

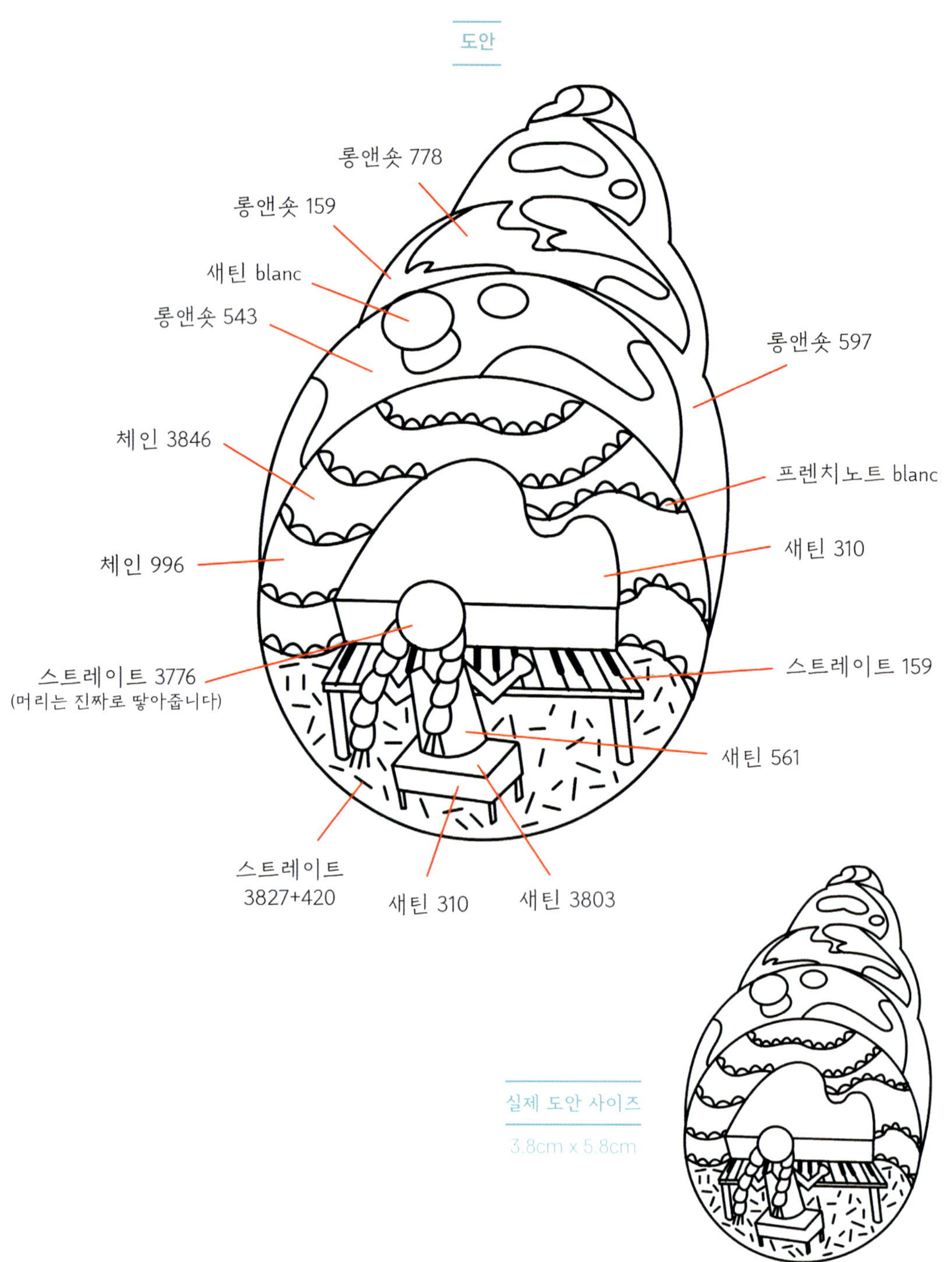

실제 도안 사이즈

3.8cm x 5.8cm

키링 만드는법

001 키링 마무리하기

자수가 완성되면 1㎝ 정도 여유를 두고 자른 뒤, 자수가 잘리지 않도록 조심하며 가위집을 내줍니다.

목공용 풀을 이용해 자수 외의 천 부분을 전부 뒤로 붙입니다.

딱딱한 심지를 사이즈에 맞게 잘라 다리미로 붙입니다.

뒷면 가죽을 사이즈에 맞게 잘라 바느질로 고리를 만들어 키링에 답니다.

본드로 가죽과 자수를 붙여줍니다.

숲에서 주운 오너먼트

한 개씩 주워 모은 추억들

준비물

뒷면 천, 솜, 인조가죽(새나 나무 모양의 장식을 만들 때 사용하며, 없어도 무방합니다.), 장식참(없어도 무방합니다.),
오너먼트를 달아줄 끈(없다면 자수 실을 땋아 만들어주어도 예뻐요!)

001 주워 모은 깃털 오너먼트

도안

9cm x 6cm

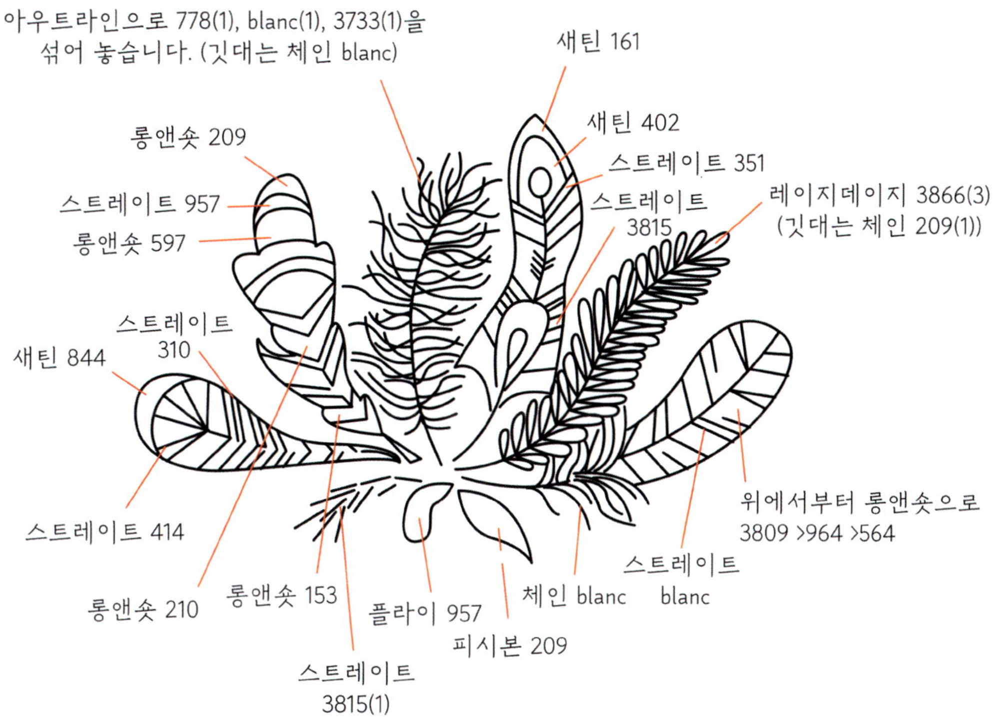

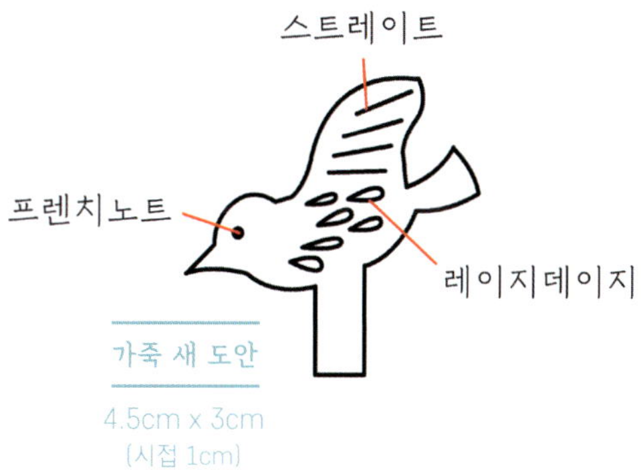

가죽 새 도안

4.5cm x 3cm
(시접 1cm)

002 주워 모은 나뭇잎 오너먼트

도안

9cm x 8cm

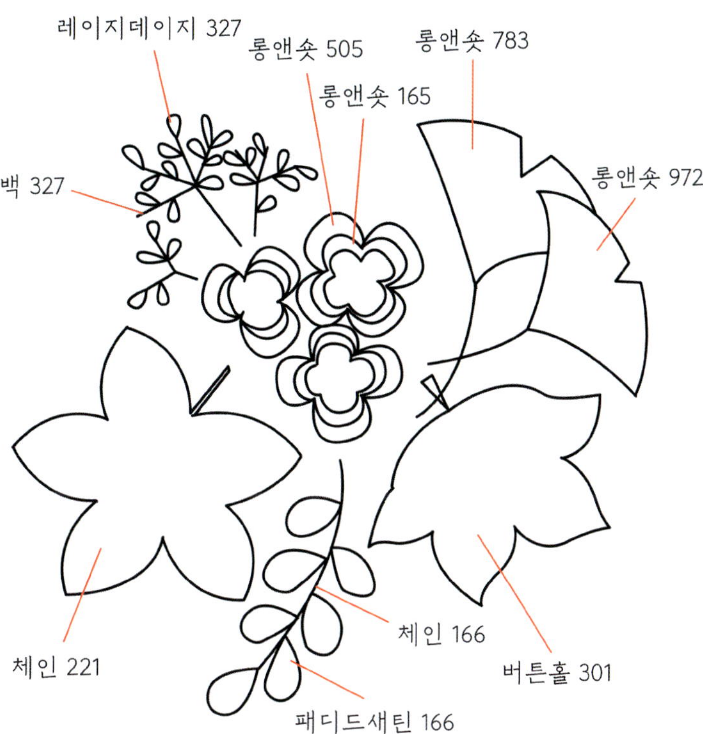

가죽 나무 도안

2.5cm x 3.1cm
(시접 1cm)

오너먼트 만드는 법

001 오너먼트 만들기

1 완성된 자수와 똑같은 크기의 뒷면 천, 새 모양으로 자른 인조가죽, 솜을 준비합니다.

2 인조가죽을 거꾸로 뒤집어 자수의 겉면 시접 부분에 고정합니다.

3 뒤집어 줄 창구멍을 남겨놓고 백 스티치(박음질)를 해줍니다.

4

가위집을 냅니다.

5

창구멍을 이용해 천을 뒤집고 솜을 안에 충분히 넣어줍니다.

6

창구멍을 바느질해주고 새 모양 인조가죽을 꾸며주고 장식이 있다면 달아줍니다.

TIP

오너먼트의 밑부분에 S 모양으로 꺾은 핀이나 펼친 클립을 달아주면 메모꽂이나 영수증 꽂이 등으로 응용할 수 있습니다.

해파리 귀걸이

귀밑에서 찰랑이는 해파리들

준비물

귀걸이 침 , 큐빅(다이소에서 손톱 꾸미는 용도로 판매하는 것을 싸게 구입할 수 있습니다.), 체인(얇고 굵은 것 두 종류를 사용하면 더 예뻐요!), 인조가죽이나 크라프트지 원단 등 마감재, C링(자수와 체인을 연결할 때 사용합니다.), 펜치 2개 (C링을 오므릴 때 사용합니다.)

도안

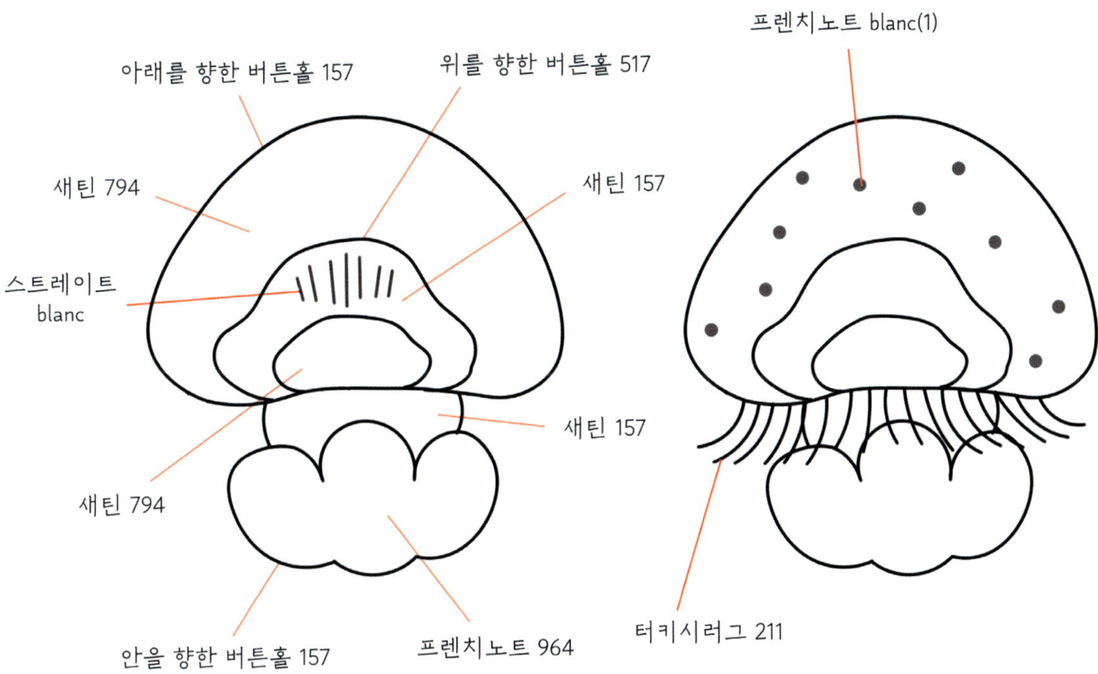

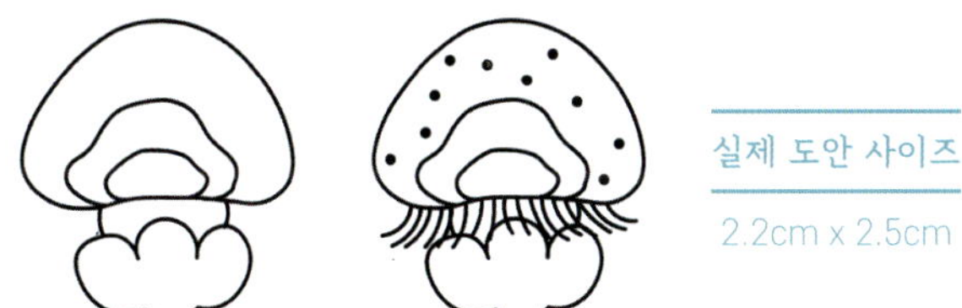

실제 도안 사이즈

2.2cm x 2.5cm

해파리 귀걸이 만들기

001 해파리 자수 놓는 순서

517번으로 버튼홀 스티치를 놓습니다.

799번으로 빈 공간을 채워 새틴 스티치를 놓습니다.

157번으로 버튼홀 스티치를 놓아 패치로 만들 수 있게 만들어 줍니다.

504번으로 중간 부분을 새틴 스티치로 수놓고, 아래 부분도 패치로 만들 수 있도록 버튼홀 스티치를 놓아줍니다.

964번으로 버튼홀 안을 채워가며 프렌치 노트 스티치를 놓습니다.

153번으로 터키시러그 스티치를 놓은 뒤, 아래쪽을 향하도록 잡아주고 스티치 시작 부분을 백 스티치로 쭉 놓습니다.

해파리를 오려 뒷면 가죽도 똑같이 준비한 뒤, 바늘로 구멍을 내고 C링을 이용해 원하는 만큼 체인을 연결합니다. 귀걸이를 완성한 뒤 침을 붙이면 잘 떨어지므로, 구멍을 내어 침을 통과시켜주면 떨어지는 것을 예방할 수 있습니다.

꾸밀 수 있는 파츠가 있다면 꾸며줍니다.

여행 풍경 폴라로이드

여행 다니는 즐거움 중의 하나, 예쁜 사진 찍기!

준비물

접착 심지(한쪽 면에 풀이 발린 딱딱한 심지), 인조가죽이나 크라프트지 원단 등 마감재

+ 자수를 완성한 후 아래쪽으로 2.5cm, 나머지 3면은 0.5cm씩 남기고 천을 뒤로 다리미질하여 접어줍니다. 바느질없이 패치 만들기(27p) 파트를 참고하여 완성합니다.

001 백조가 있는 호수

도안

7.5cm x 6.5cm

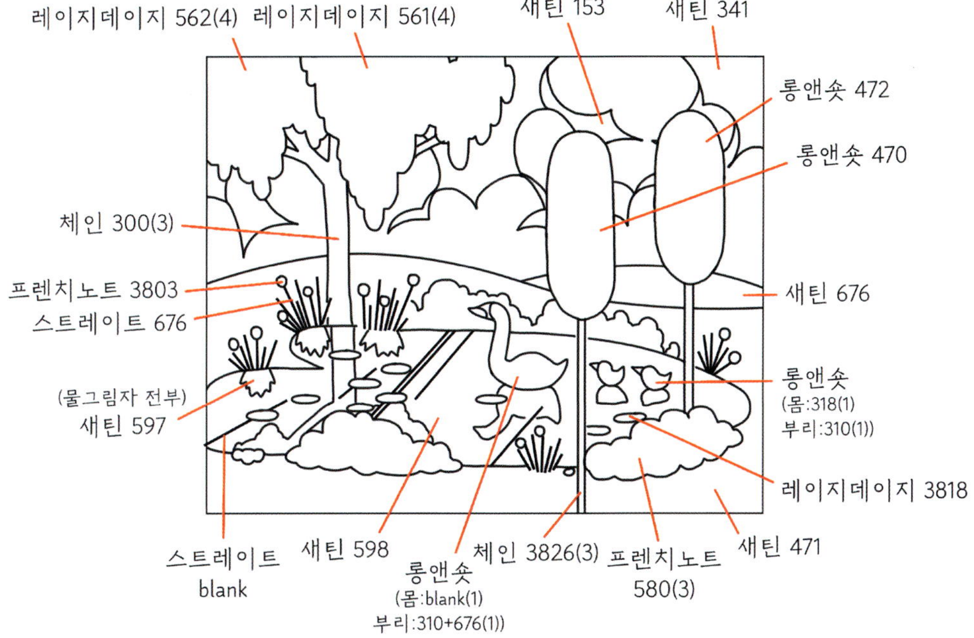

002 사막을 건너는 중

도안

7.5cm x 6.5cm

* 하늘은 위에서부터 롱앤숏으로 336 > 791 > 333 > 208
* 별들은 스트레이트와 프렌치노트로 563(1)

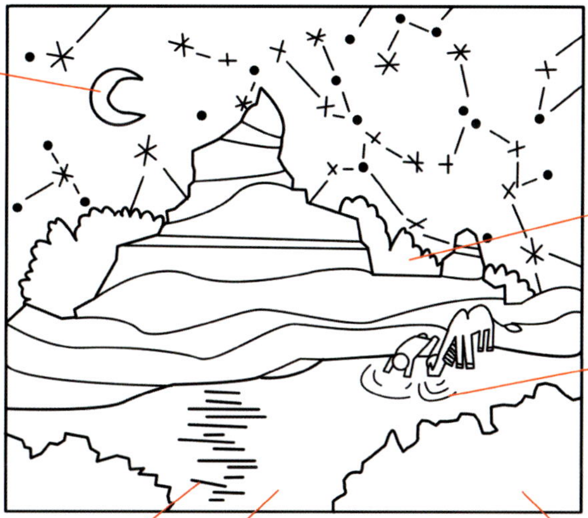

<낙타>
몸통: 롱앤숏 676
털과 발굽: 스트레이트 434(1)

<사람>
머리: 새틴 310
셔츠: 새틴 3803
바지: 새틴 310

체인 676(1)

<흙산>
버튼홀 3883
버튼홀 316
버튼홀(면) 3827(3)
버튼홀 356
버튼홀(면) 543
체인 3883(3)
버튼홀 3831
버튼홀 316
롱앤숏 356
체인 543
버튼홀 3827

스트레이트 501

스트레이트 blanc(1)

스트레이트 blanc(1)

롱앤숏 3810

롱앤숏 312

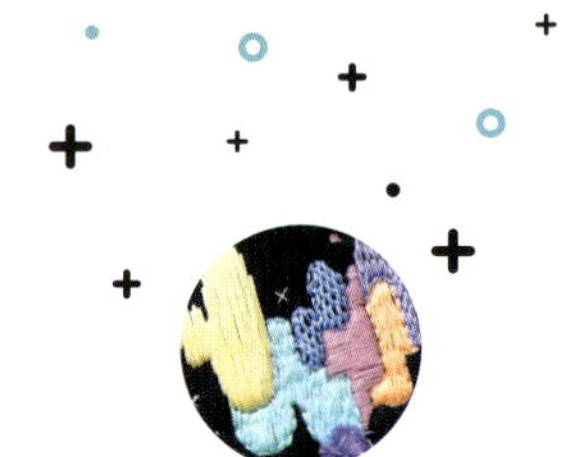

오로라 노트북 파우치

다들 어디에 간 거죠?

준비물

노트북 파우치(너무 두껍지 않은 제품이 좋습니다.)

도안

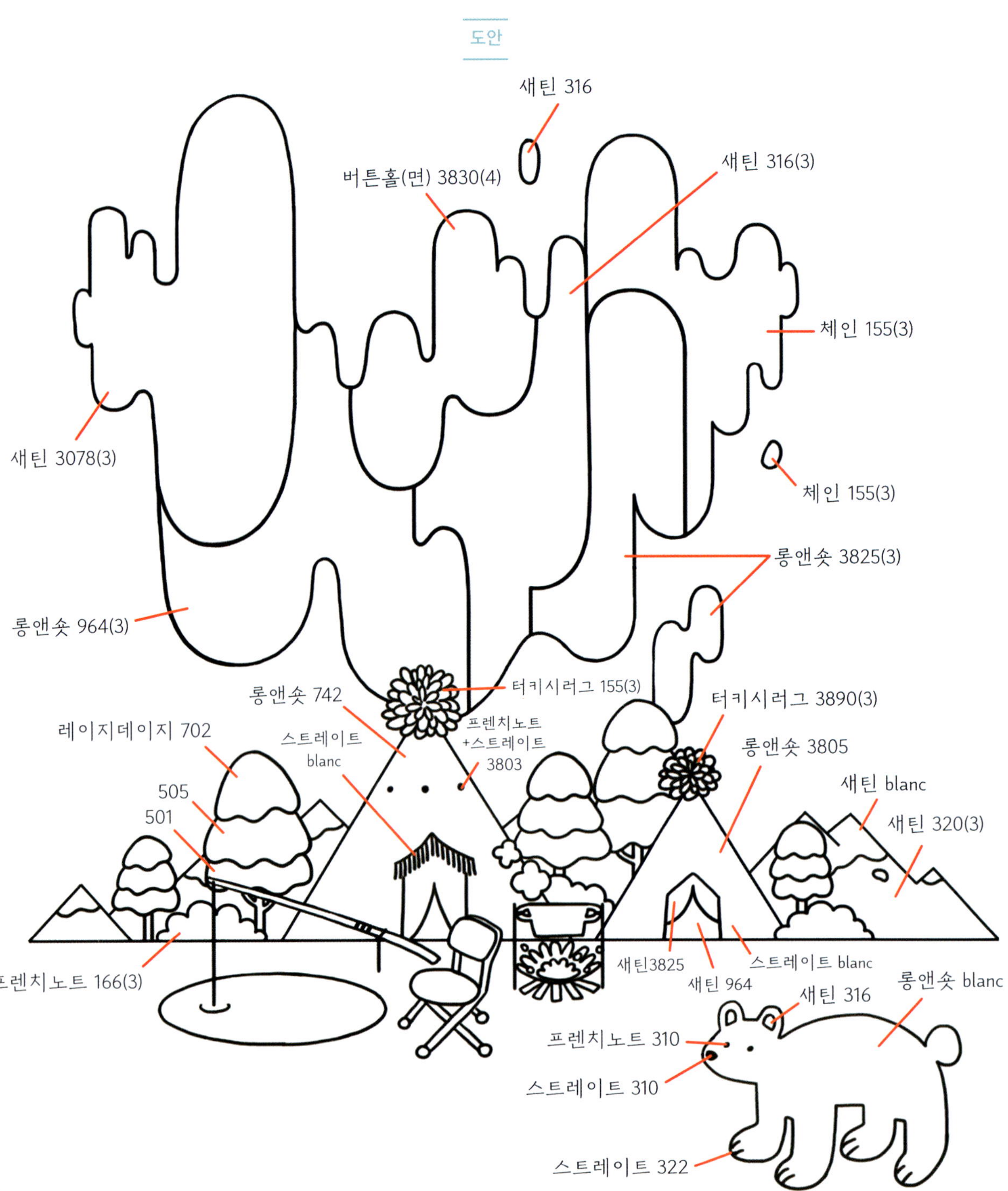

새틴 316
버트홀(면) 3830(4)
새틴 316(3)
체인 155(3)
새틴 3078(3)
체인 155(3)
롱앤숏 3825(3)
롱앤숏 964(3)
터키시러그 155(3)
롱앤숏 742
터키시러그 3890(3)
레이지데이지 702
스트레이트
blanc
프렌치노트
+스트레이트
3803
롱앤숏 3805
새틴 blanc
505
501
새틴 320(3)
프렌치노트 166(3)
새틴3825
새틴 964
스트레이트 blanc
롱앤숏 blanc
새틴 316
프렌치노트 310
스트레이트 310
스트레이트 322

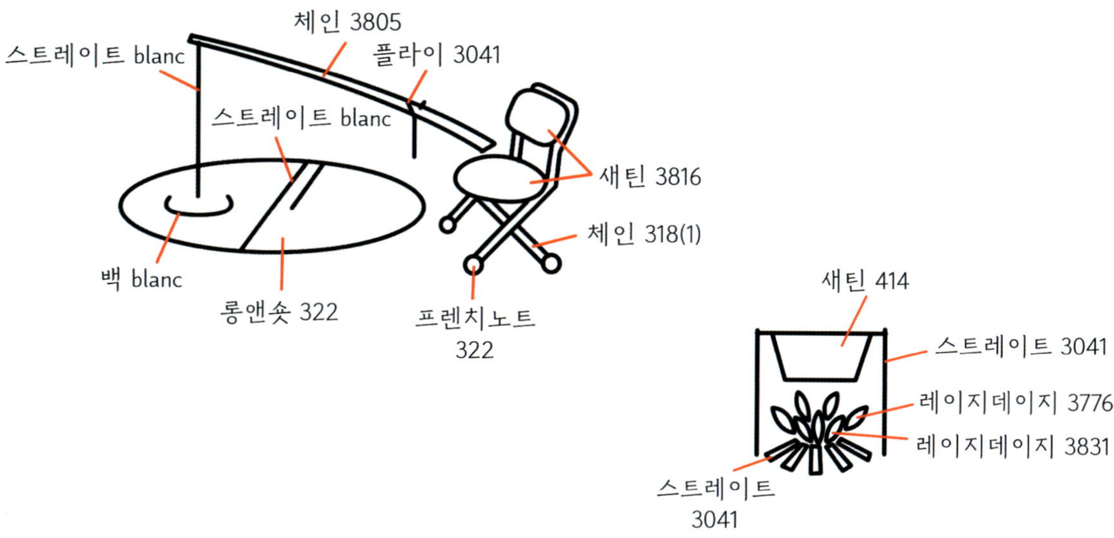

실제 도안 사이즈

8cm x 9cm

유성우가 내리는 스노우볼 브로치

눈물이 당신의 소원을 들어주기를

준비물

옷핀, 접착 심지(한쪽 면에 풀이 발린 딱딱한 심지), 인조가죽이나 크라프트지 원단 등 마감재, 장식참(없어도 무방합니다.)

도안

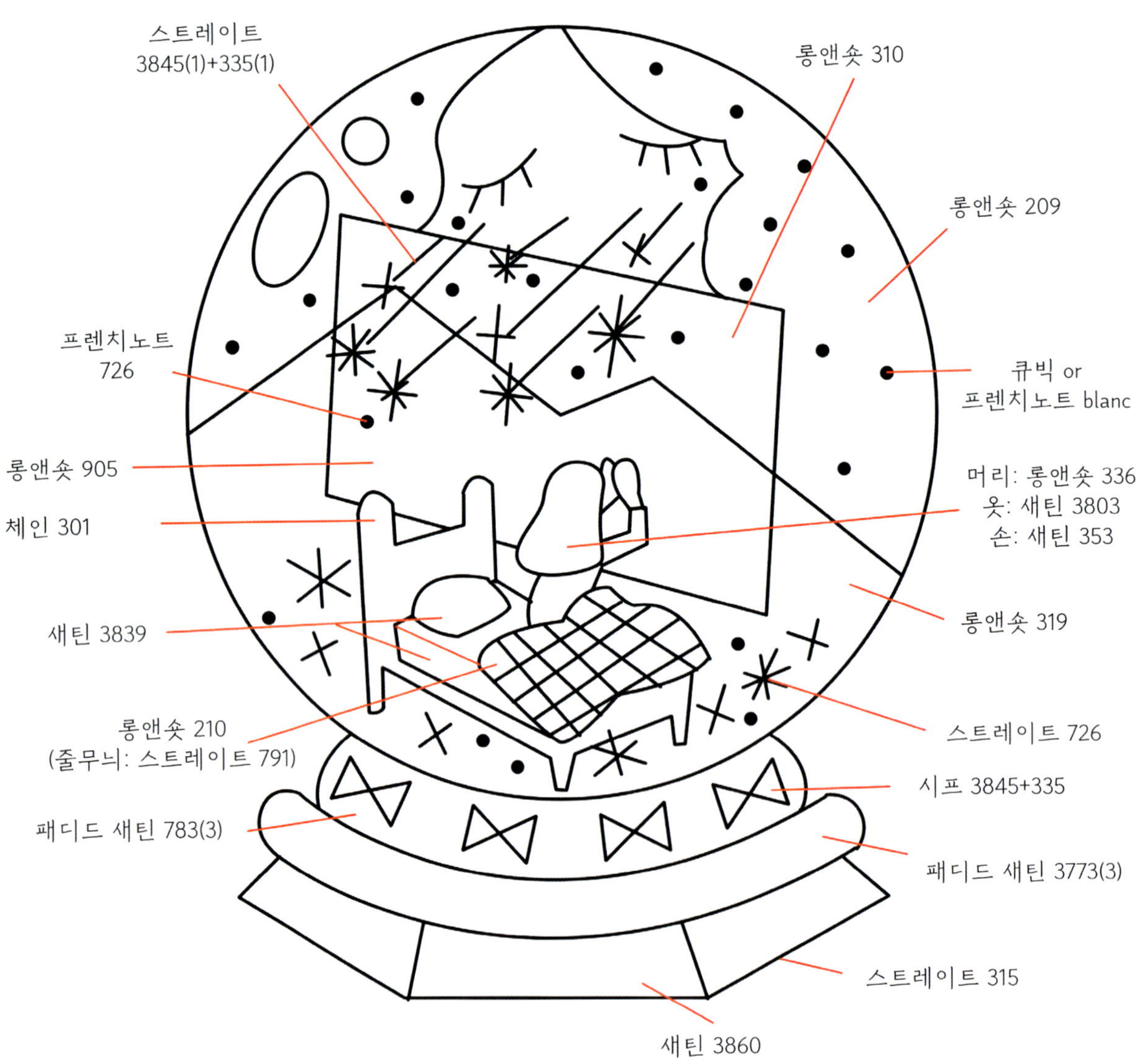

스트레이트
3845(1)+335(1)
롱앤숏 310
롱앤숏 209
프렌치노트
726
큐빅 or
프렌치노트 blanc
롱앤숏 905
머리: 롱앤숏 336
옷: 새틴 3803
손: 새틴 353
체인 301
새틴 3839
롱앤숏 319
롱앤숏 210
(줄무늬: 스트레이트 791)
스트레이트 726
시프 3845+335
패디드 새틴 783(3)
패디드 새틴 3773(3)
스트레이트 315
새틴 3860

실제 도안 사이즈

4.3cm x 5.5cm

T I P　　브로치 완성하기

1

2

· 옷핀의 안쪽에 바느질로 고리를 만들어 자수를 달아주면 찰랑이는 브로치를 만들 수 있습니다. 어울리는 참을 같이 달아 디자인해주면 더 예뻐요!

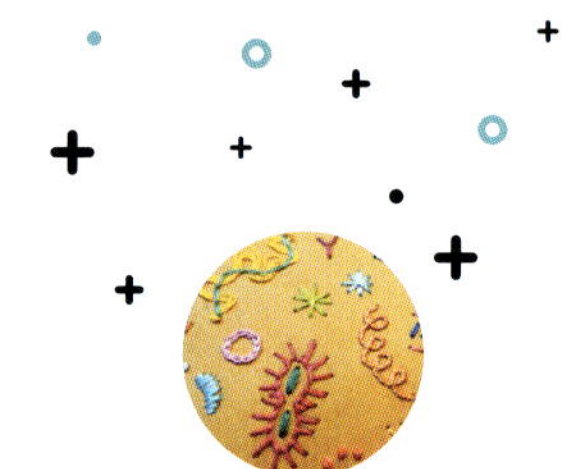

미생물 필통

지구에 사는 아주 작은 친구들

준비물

크라프트지 원단, 펑커(자수를 놓기 전 구멍을 내줄 때 사용합니다.), 장식술, 고무줄, 고정핀(똑딱이 단추 등으로 대체 가능합니다.)

도안

실제 도안 사이즈

21.5cm x 8.8cm

· 이번 자수는 자투리 실들을 이용해 알록달록하게 놓아줍니다.

필통 만드는 방법

001 필통 만들기

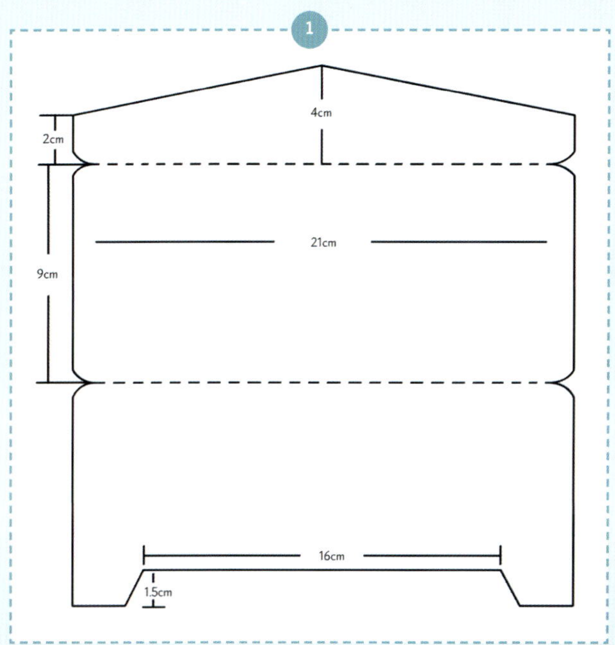

도안의 크기대로 크래프트지 원단을 자릅니다.

원단에 자수 도안을 그린 뒤, 바느질이 수월하도록 미리 구멍을 뚫습니다.

* 펑커를 이용하면 편리해요!

자수가 완성되면 단추를 달아주고 원단을 접은 뒤 양옆을 버튼홀 스티치로 묶어 바느질합니다.

윗부분에 구멍을 뚫어 단추에 고정할 고무줄을 끼워 묶어주고, 장식 술을 바느질해 마무리합니다.

윙크하는 달 목걸이

항상 우리를 따라오며 눈을 깜박이는 달

준비물

접착 심지(한쪽 면에 풀이 발린 딱딱한 심지), 인조가죽이나 크라프트지 원단 등 마감재, 목걸이 끈

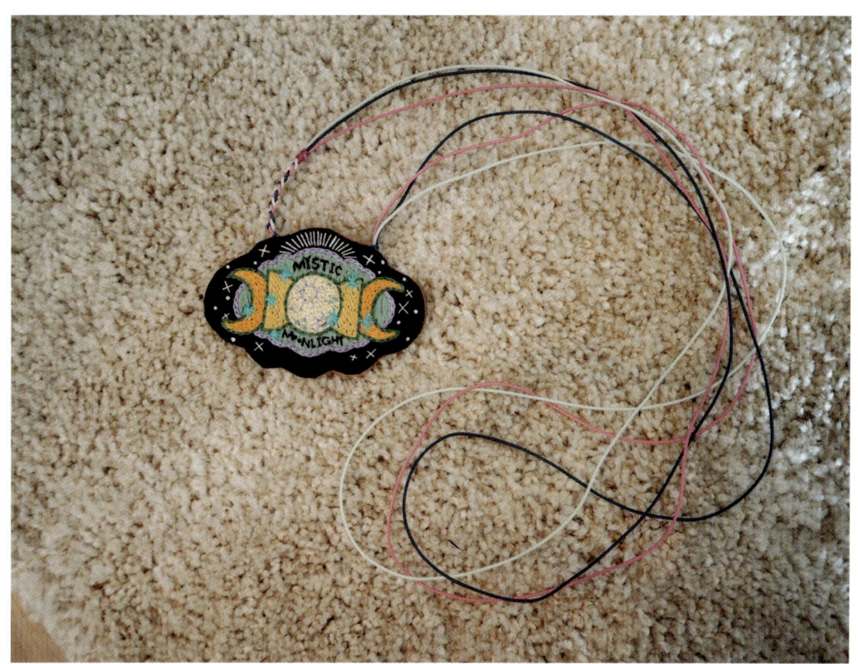
MYSTIC
MOONLIGHT

MYSTIC
MOONLIGHT

도안

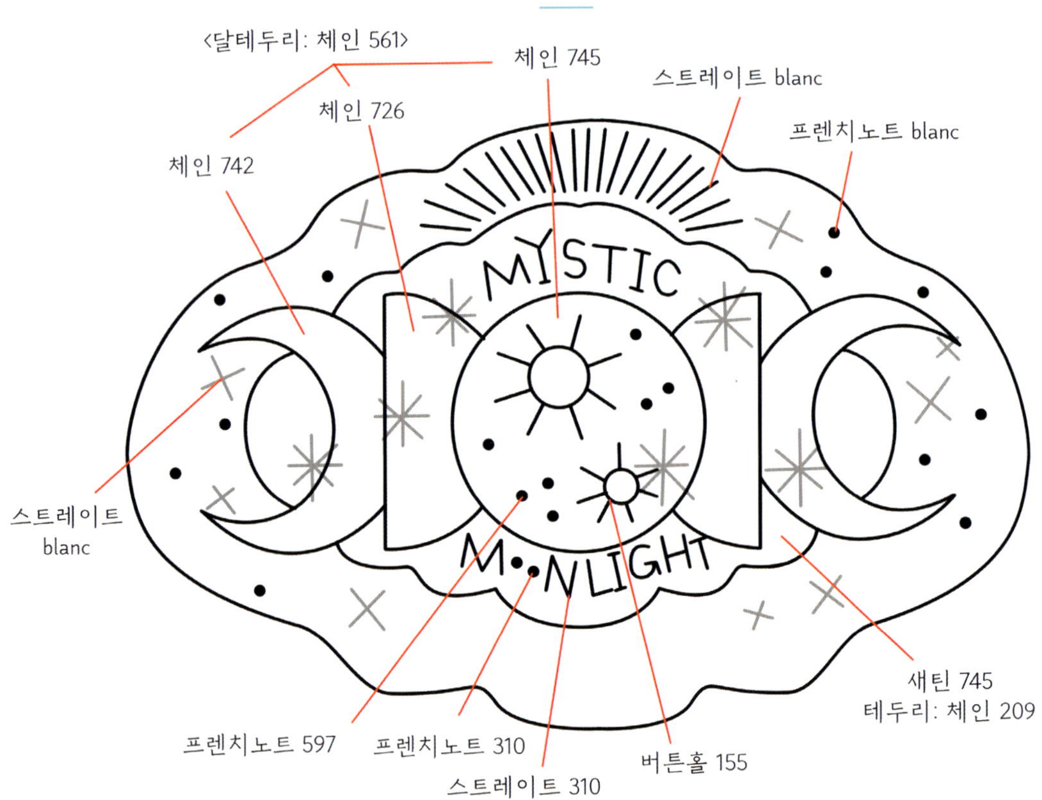

실제 도안 사이즈

8cm x 5.3cm

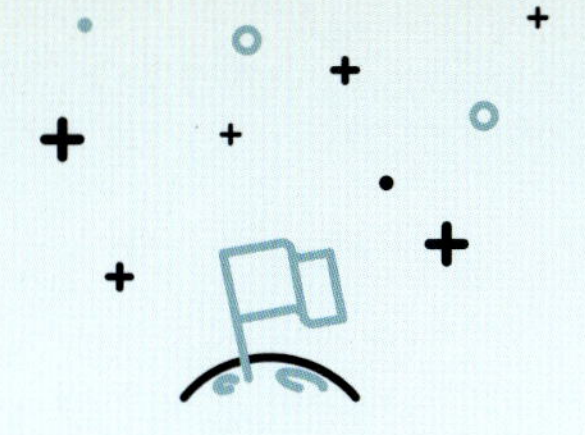

목걸이 만들기

001 길이 조절 가능한 목걸이 만들기

1

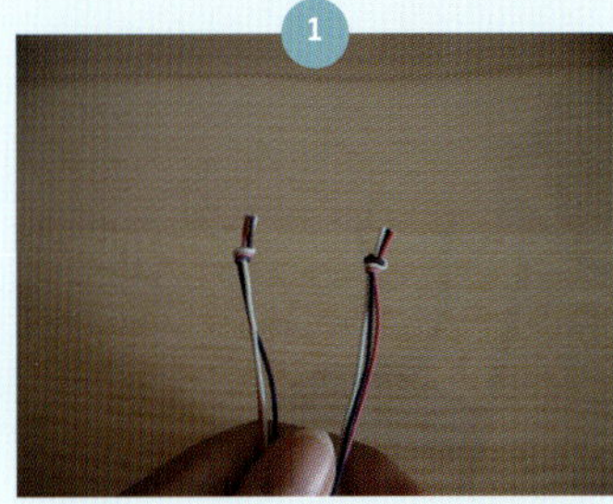

목걸이 끝은 연결되어있지 않아야 합니다.

2

두 가닥의 목걸이 끈을 겹쳐 자수실로 감아줍니다.

3

목공용 풀을 자수 실에 묻혀 굳혀줍니다. 감은 자수 실을 중심으로 목걸이 끈을 잡아당기면 길이를 조절할 수 있습니다. 이때 풀이 목걸이 끝에 묻지 않도록 조심합니다.

지구인 싸개 단추

당신이 있어야 모든 것에 의미가 생겨요

준비물

두꺼운 종이 혹은 크라프트지 원단(심지 역할을 합니다.), 솜, 인조가죽 등 마감재,
팔찌재료 - 장식참(마감 역할을 할 크고 굵은 것 & 꾸며줄 작은 것들), 고무줄

도안

2.8cm x 2.8cm

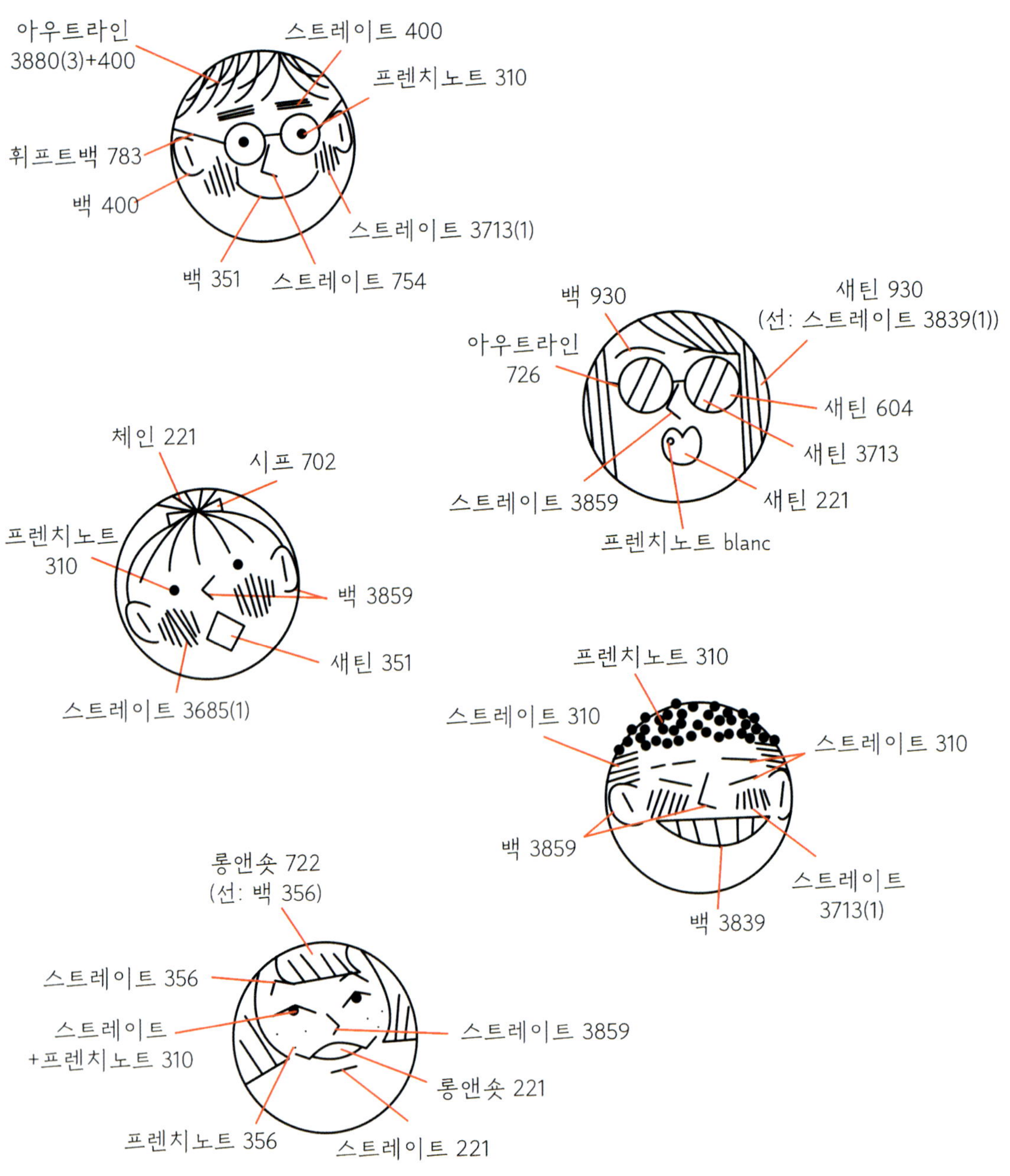

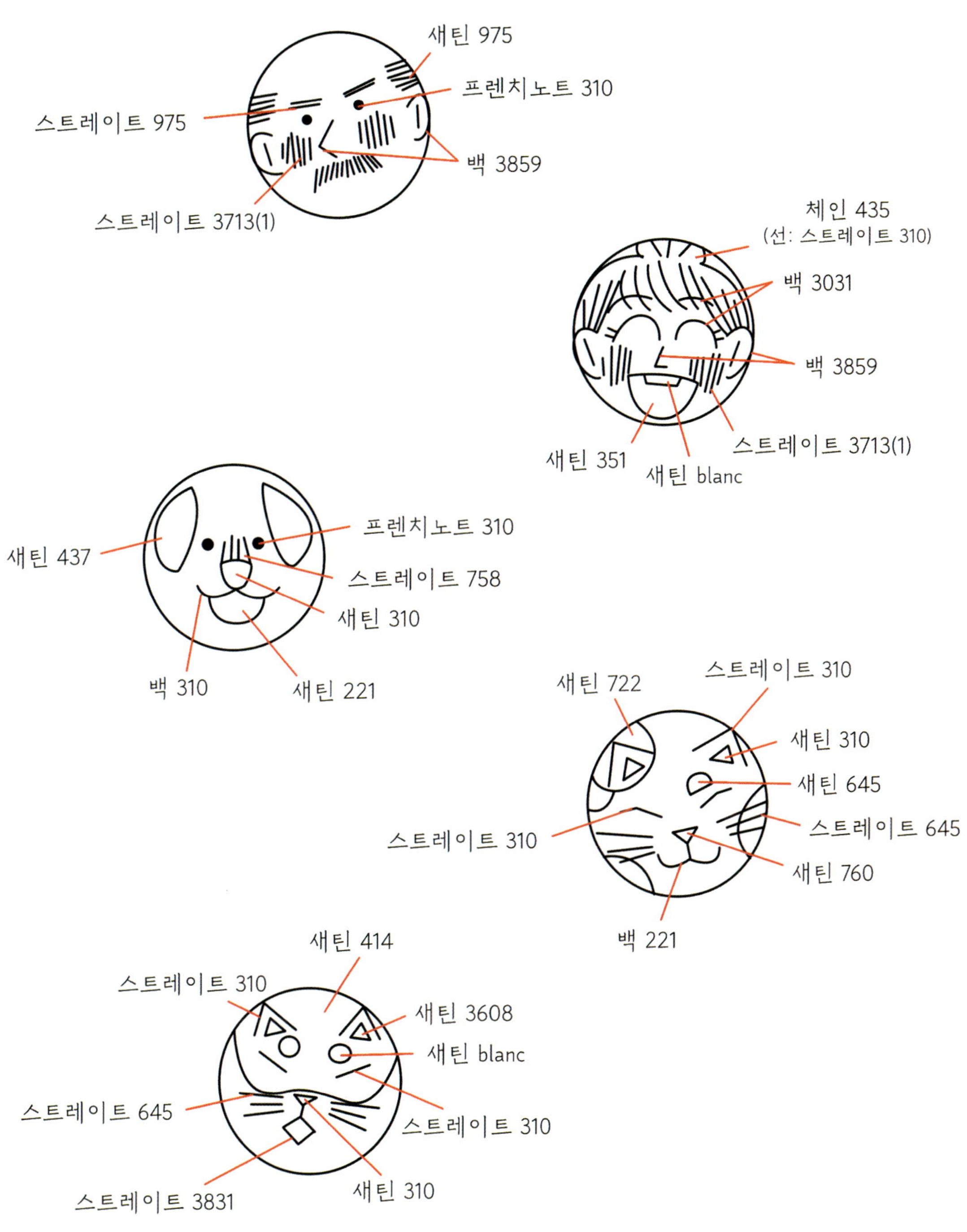
새틴 975
프렌치노트 310
스트레이트 975
백 3859
스트레이트 3713(1)
체인 435
(선: 스트레이트 310)
백 3031
백 3859
스트레이트 3713(1)
새틴 351
새틴 blanc
프렌치노트 310
새틴 437
스트레이트 758
새틴 310
백 310
새틴 221
새틴 722
스트레이트 310
새틴 310
새틴 645
스트레이트 645
스트레이트 310
새틴 760
백 221
새틴 414
스트레이트 310
새틴 3608
새틴 blanc
스트레이트 645
스트레이트 310
스트레이트 3831
새틴 310

싸개 단추 응용하기

001 싸개 단추 만드는 법

1 완성된 자수는 여백을 넉넉하게 두고 잘라주고, 솜과 자수와 똑같은 크기의 단단한 종이(심지)를 준비합니다.

2 자수의 여백에 촘촘하게 러닝 스티치(홈질)합니다.

3 안에 솜 - 종이(심지) 순으로 넣고 실을 당겨 묶어줍니다.

4 인조가죽에 바느질로 고리를 만들어 본드로 붙입니다.

002 싸개 단추 팔찌 만드는 법

1 완성된 싸개 단추와 고무줄, 꾸며줄 구슬과 팔찌로 엮어줄 구슬-없다면 윙크하는 달 목걸이 만들기(113p)에서 참고-을 준비합니다.

2 고무줄에 팔찌로 엮어줄 구슬을 끼우고 한 쪽을 빠지지 않도록 매듭을 지어줍니다.

3 중간에 매듭을 짓고 꾸며줄 구슬들과 싸개 단추를 끼우고, 매듭을 지어 움직이지 않도록 고정합니다.

4

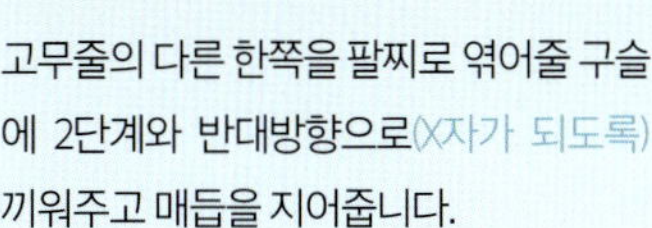

고무줄의 다른 한쪽을 팔찌로 엮어줄 구슬에 2단계와 반대방향으로(X자가 되도록) 끼워주고 매듭을 지어줍니다.

5

완성!

우주 모빌

달콤한 색감의 우주

준비물

접착 심지(한쪽 면에 풀이 발린 딱딱한 심지), 검은 도화지, 흰색 물감, 붓,
장식술(없어도 무방합니다.), 낚싯줄(자수 실로 대체할 수 있습니다.)

도안

혜성: 7cm x 3.5cm / 고리행성: 8.7cm x 5.7cm / 인공위성: 7.4cm x 4.5cm
달: 3.5cm x 3.5cm / 행성: 5cm x 5cm

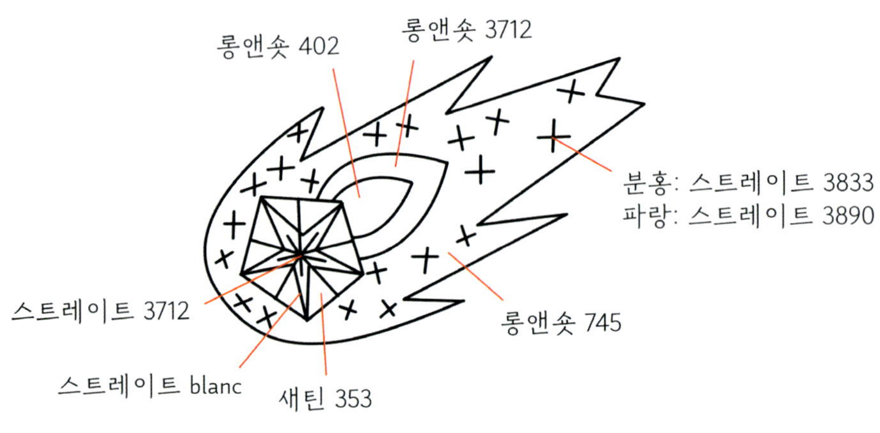

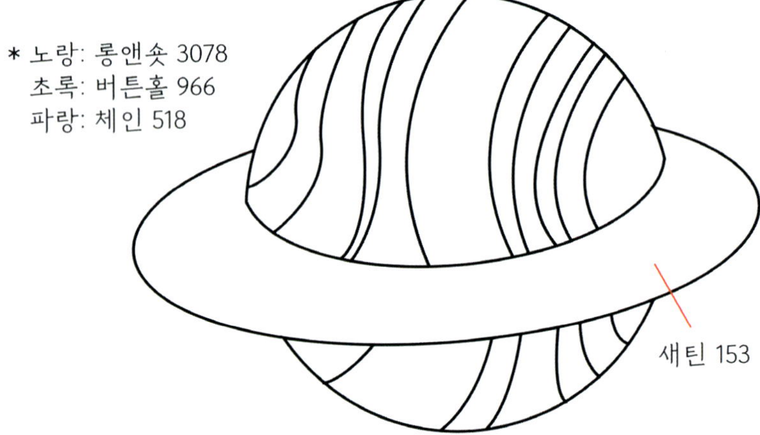

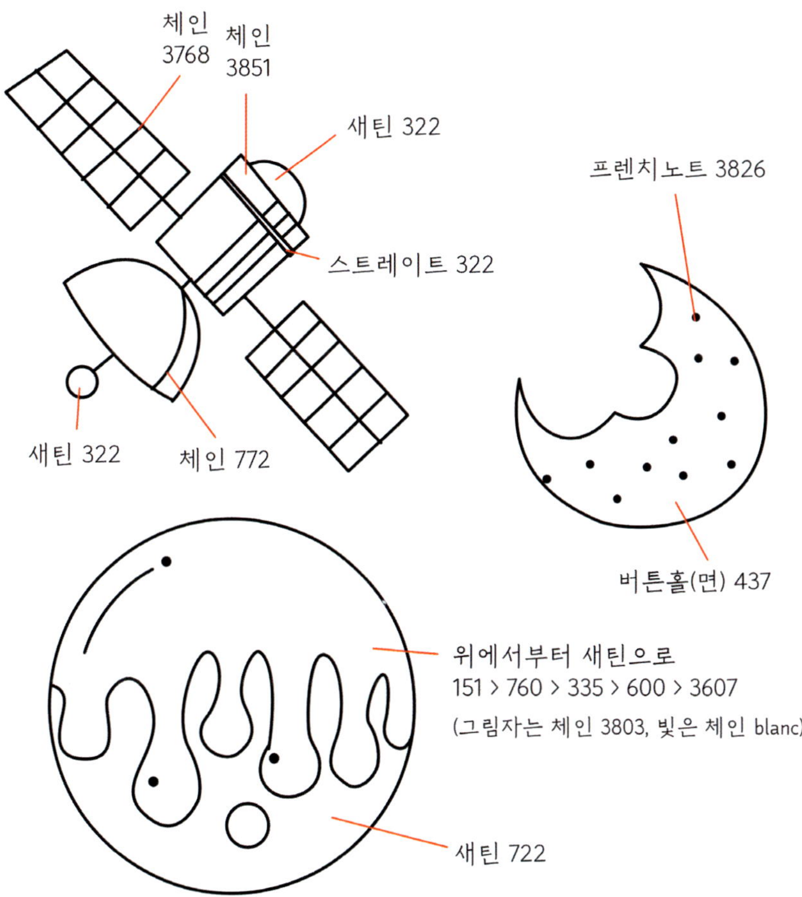
체인
3768
체인
3851
새틴 322
스트레이트 322
새틴 322
체인 772
프렌치노트 3826
버튼홀(면) 437
위에서부터 새틴으로
151 > 760 > 335 > 600 > 3607
(그림자는 체인 3803, 빛은 체인 blanc)
새틴 722

아플리케 산수화 여권케이스

먼 곳 가는 걸음이 든든하도록

준비물

여러 무늬의 천이나 인조가죽(가죽은 얇아야 바느질 할 수 있습니다), 크라프트지 원단

TIP

1 천이나 인조가죽 등을 아플리케하면 자수로 면을 채우는 시간을 조금 줄일 수 있어요!

도안

10cm x 13.5cm

* 표시되지 않은(아플리케) 부분은 모두 버튼홀 스티치로 놓아주세요.
* 아플리케를 할 천이나 인조 가죽 색과 같은 색 실을 사용하여 놓아주세요.

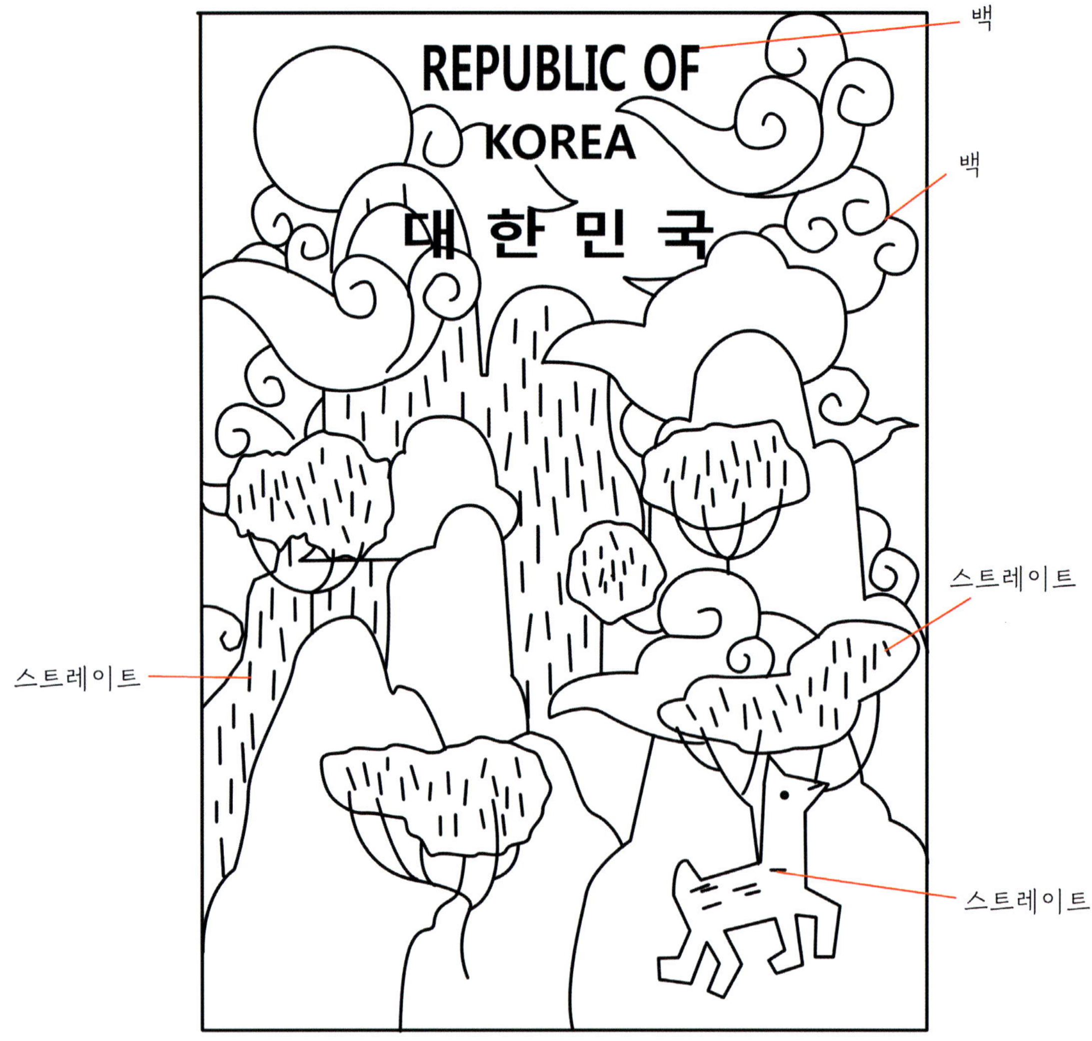

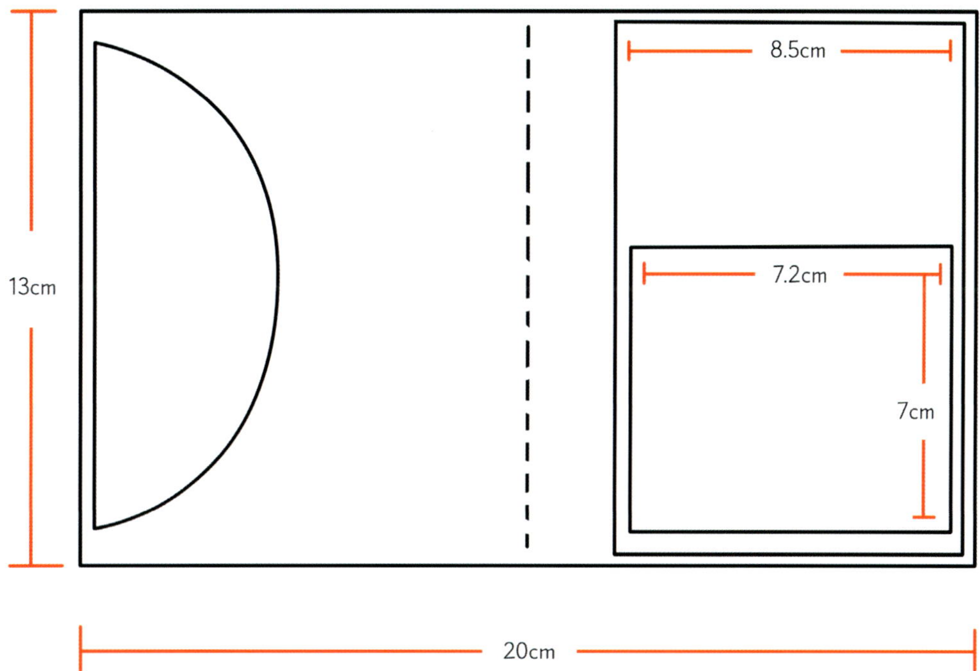

* 천에 완성하고 패치로 만들어 완성된 여권케이스에 본드로 부착합니다.

저게 뭐지? 일러스트 액자

저 게　뭐 지 ?

준비물

흰색 아이롱 펜(검은 천 위에 도안을 그릴 수 있습니다.), 사이즈에 맞는 캔버스(캔버스를 먼저 준비한 뒤, 도안을 캔버스 사이즈에 맞춰 조정하여 놓을 수도 있습니다.), 압정, 타카(없다면 압정으로 캔버스 뒷면에 고정시킬 수 있어요.)

도안

13cm x 18cm

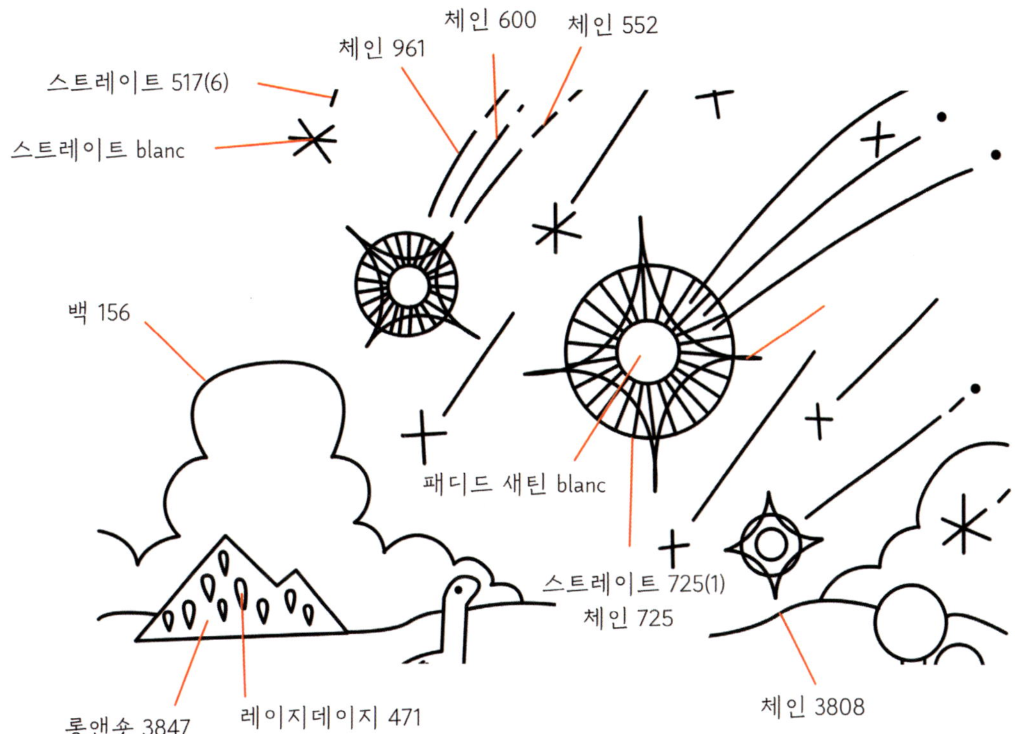
체인 600
체인 552
체인 961
스트레이트 517(6)
스트레이트 blanc
백 156
패디드 새틴 blanc
스트레이트 725(1)
체인 725
롱앤숏 3847
레이지데이지 471
체인 3808

몸통: 롱앤숏 372
줄무늬: 체인 315
발톱: 스트레이트 315

몸통: 롱앤숏 320
무늬: 스트레이트 436
꼬리 뿔: 레이지데이지 436
발톱: 스트레이트 436

몸통: 패디드 새틴 435
줄무늬: 스트레이트 301
뿌리: 스트레이트 3857
잎사귀: 버튼홀 166

몸통: 롱앤숏 3721
뿔: 새틴 blanc
무늬:프렌치노트 blanc
발톱: 스트레이트 blanc

스트레이트
3851

위: 레이지데이지 471(3)
중간: 레이지데이지 469(3)
아래: 레이지데이지 520(3)
나무기둥: 새틴 920
열매: 프렌치노트 150

몸통: 롱앤숏 3833
뿔: 새틴 552
발톱: 레이지데이지 552

몸통: 롱앤숏 597
뿔: 새틴 517
발톱: 레이지데이지 517
줄무늬: 체인 blanc

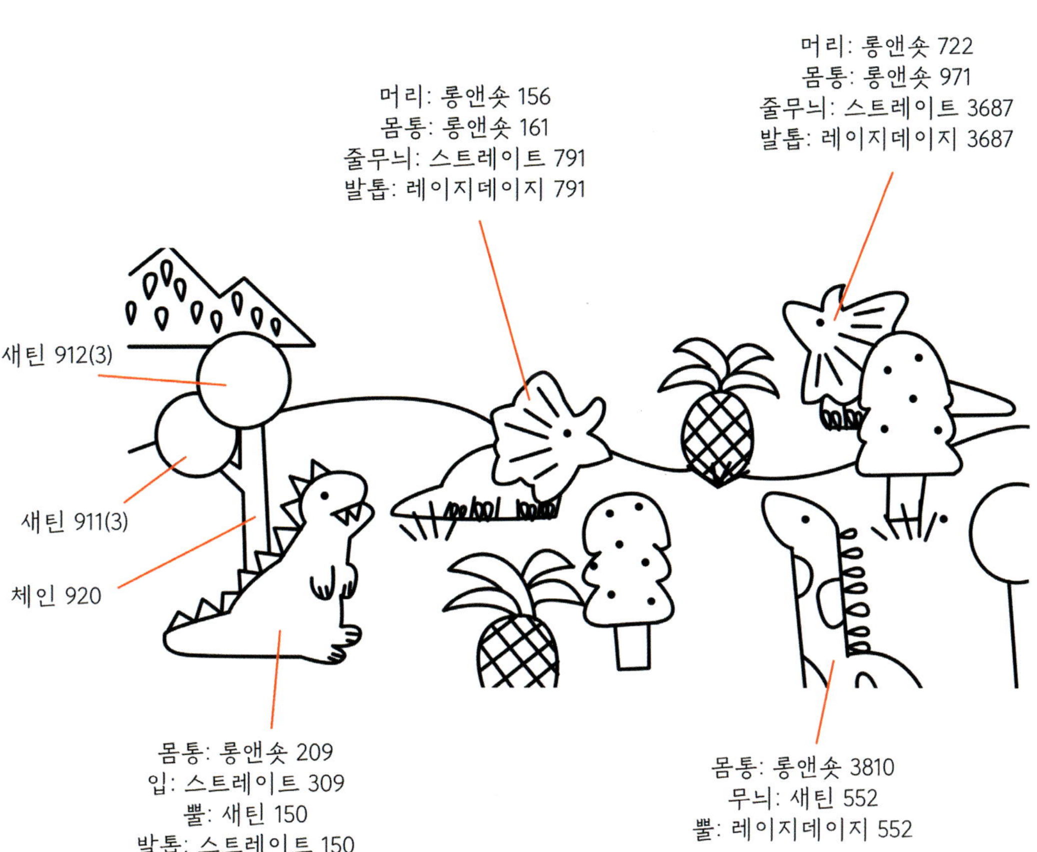
머리: 롱앤숏 156
몸통: 롱앤숏 161
줄무늬: 스트레이트 791
발톱: 레이지데이지 791
머리: 롱앤숏 722
몸통: 롱앤숏 971
줄무늬: 스트레이트 3687
발톱: 레이지데이지 3687
새틴 912(3)
새틴 911(3)
체인 920
몸통: 롱앤숏 209
입: 스트레이트 309
뿔: 새틴 150
발톱: 스트레이트 150
몸통: 롱앤숏 3810
무늬: 새틴 552
뿔: 레이지데이지 552

액자 만들기

001 액자 만드는 법

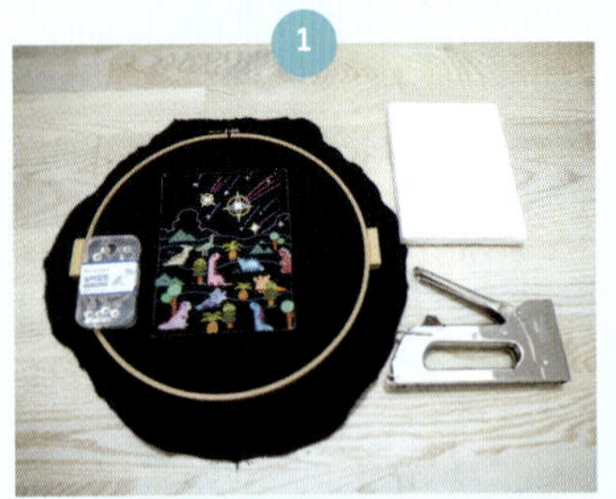

완성된 자수와 압정들, 타카, 사이즈에 맞는 캔버스를 준비합니다.

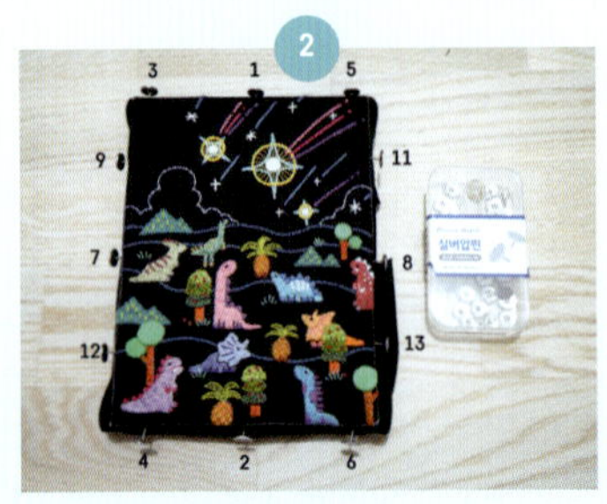

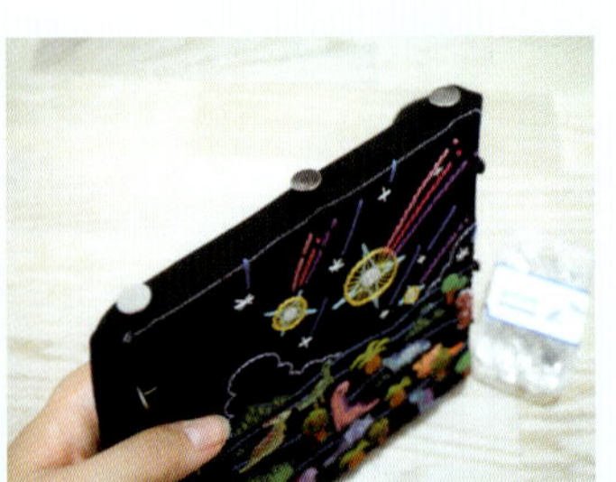

자수를 캔버스에 압정으로 고정합니다.

※ 사진에 표기된 순서대로 고정하면 비뚤어지지 않도록 고정할 수 있습니다.

압정을 하나씩 뽑으며 천을 당겨 타카로 고정합니다. 타카가 없을 경우 뒷면에 압정을 박아 고정해줍니다.

불필요한 부분의 천들을 잘라줍니다.

연꽃과 오리 달력

마음을 평화롭게 해주는 풍경의 달력

준비물

나뭇가지 혹은 단단한 종이(달력을 고정시켜주는 대를 만듭니다.),
후크단추(숫자들을 달력에 고정하는데 사용합니다. 없다면 벨크로(찍찍이)를 사용해도 좋아요!)

SUN MON TUE WED THU FRI SAT
1 2 3 4 5 6
7 8 9 10 11 12 13
14 15 16 17 18 19 20
21 22 23 24 25 26 27
28 29 30 31

도안

실제 도안 사이즈

17.5cm x 7cm

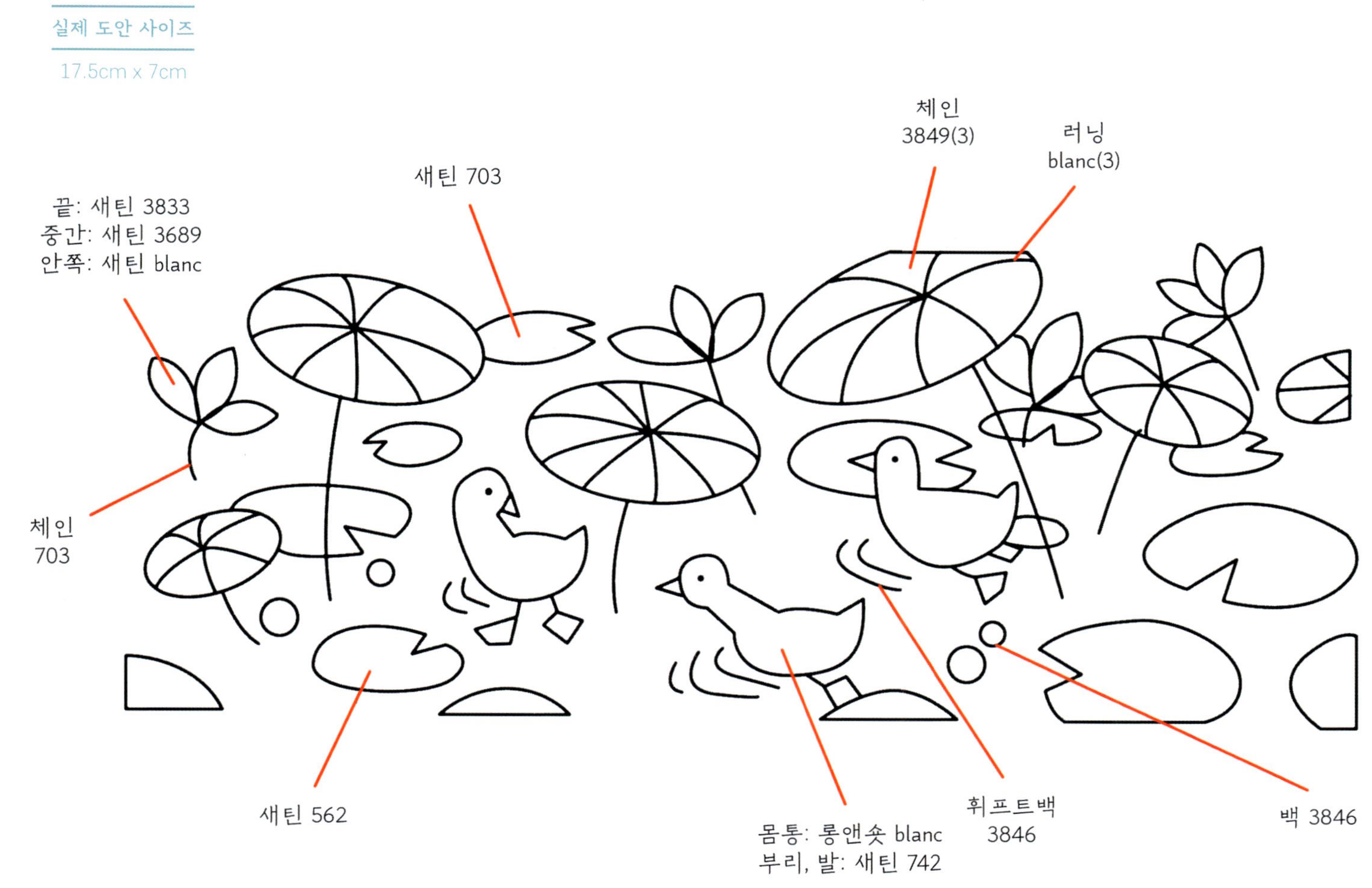

달력 만들기

001 숫자 만들기

1

자수를 다 놓은 후, 바느질로 후크의 고리 부분을 매 칸에 달아줍니다.

2

펠트를 칸 사이즈에 맞춰 자르고 숫자들을 수놓아줍니다.

3

뒷부분에 목공용 풀을 듬뿍 짜 후크를 붙이고 완전히 말려줍니다.

TIP

후크 안쪽까지 목공용 풀이 들어가 고리에 꽂히지 않을 수 있으니, 중간 정도 말랐을 때 한 번 체크해주고 이쑤시개 등을 이용해 안쪽의 풀은 제거해줍니다.

저자협의
인지생략

• 아쿠픽투라의 프랑스 자수 •

빛나는 여행
지구별 자수

1판 1쇄 인쇄 2019년 4월 20일
1판 1쇄 발행 2019년 4월 25일

지 은 이 김현아
발 행 인 이미옥
발 행 처 아이생각
정 가 15,000원
등 록 일 2003년 3월 10일
등록번호 220-90-18139
주 소 (03979) 서울 마포구 성미산로 23길 72 (연남동)
전화번호 (02)447-3157~8
팩스번호 (02)447-3159

ISBN 978-89-97466-57-3 (13630)
I-19-02